—— 周闽军 著 ——

产业组织视角下的
中国银行业竞争问题研究

CHANYEZUZHI SHIJIAOXIA DE
ZHONGGUO YINHANGYE JINGZHENGWENTI YANJIU

中国财经出版传媒集团

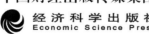

经济科学出版社
Economic Science Press

图书在版编目（CIP）数据

产业组织视角下的中国银行业竞争问题研究／周闽
军著 . —北京：经济科学出版社，2018. 11
ISBN 978 - 7 - 5218 - 0023 - 4

Ⅰ. ①产…　Ⅱ. ①周…　Ⅲ. ①银行业 – 市场竞争 –
研究 – 中国　Ⅳ. ①F832. 3

中国版本图书馆 CIP 数据核字（2018）第 288702 号

责任编辑：杜　鹏　刘　悦
责任校对：李　伟
责任印制：邱　天

产业组织视角下的中国银行业竞争问题研究
周闽军　著
经济科学出版社出版、发行　新华书店经销
社址：北京市海淀区阜成路甲 28 号　邮编：100142
编辑部电话：010 - 88191441　发行部电话：010 - 88191522
网址：www. esp. com. cn
电子邮件：esp_bj@ 163. com
天猫网店：经济科学出版社旗舰店
网址：http://jjkxcbs. tmall. com
固安华明印业有限公司印装
710 × 1000　16 开　9. 5 印张　150000 字
2018 年 11 月第 1 版　2018 年 11 月第 1 次印刷
ISBN 978 - 7 - 5218 - 0023 - 4　定价：49. 00 元
（图书出现印装问题，本社负责调换。电话：010 - 88191510）
（版权所有　侵权必究　打击盗版　举报热线：010 - 88191661
QQ：2242791300　营销中心电话：010 - 88191537
电子邮箱：dbts@ esp. com. cn）

Contents

目录

第一章
导　论

一、问题的提出

竞争是市场经济的灵魂。在经济学上，关于竞争的定义有很多争议，但都有一致的观点，就是竞争能促进效率的提高。有从市场结构定义竞争的，也有认为竞争是厂商的一种行为特征。但较为一致的观点是：竞争促使资源得到有效配置，通过激励企业改进技术，降低生产成本等，提高效率。

直到亚当·斯密的《国富论》问世，竞争和垄断才被赋予了深刻的经济学含义。市场经济的历史出发点是封建秩序和自然经济秩序，亚当·斯密提出完全自由放任的竞争市场，其目的就是要让市场经济在市场竞争中战胜封建经济和自然经济并得到全面地发展。"一种事业若对社会有益，就应当任其自由、广其竞争，竞争逾自由逾普遍，那事业亦就愈有利于社会。"他同时指出，"垄断是良好经营的大敌，限制了资源的自由转移配置"。当他提及金融业的发展时，认为"银行是有益的机构，限制银行发展是很坏的政策"（亚当·斯密，1779）。

竞争对一国银行业发展也有相当重要作用。银行业作为一国金融体系的基础和主体部分，其竞争力的高低直接影响着以经济为中心的综合国力的竞争地位。随着我国已成为世界贸易组织的成员国，在经济全球化、金融全球化和贸易全球化、一体化发展浪潮下，外资商业银行纷纷登陆中国，我国商业银行将面临生死攸关的国际竞争。我们认为，银行业竞争力主要体现在商业银行的效率与稳定性上，银行效率包括微观的经营效率和宏观的配置效率。与其他企业相比，稳定性对银行业有特别重要的意义。下述问题是我国银行业必须面对和解决的：银行的效率与稳定性如何能提高，是要在政府直接干预下培育出来的，还是在竞争过程中形成的；竞争与银行效率、稳定性的关系是怎样的；什么样竞争环境和银行采取什么样的竞争方式，才能使银行的效率与稳定性逐步提高；银行业中竞争政策如何执行，与一般企业有何不同。银行业的竞争，必须处理好经营效率、配置效率与稳定的关系。

改革开放以来，银行体系为中国经济快速持续发展所需资金的支持中起着重要的作用，在社会融资的规模方面，2015 年人民币贷款占同期社会融资规模比例为 73.1%。一些研究认为，由于中国的银行体系缺乏效率，因此，经济发展很大程度上依赖于非正规金融（Allen et al.，2005），但也有一些较新的研究提出不同观点，银行体系改革的深入和外部监管的日益加强，促进了正规金融体系（银行体系）推动中国经济的发展（Hasan et al.，2009；Ayyagari et al.，2010；Cheng & Degryse，2010）。另外，自 20 世纪 90 年代尤其是 1998 年中国金融体系改革以来，国有大型银行所占市场份额持续下降，中国银行业结构发生了很大变化，银行业竞争程度不断上升。

目前，直接研究银行竞争对银行信贷资源配置影响的文献较多，而对利率市场化进程中银行竞争影响银行信贷行为进行研究的文献较少。当前国外学者对此问题的研究有争议。一种观点认为，为弥补竞争会削弱银行的垄断能力从而导致银行边际利润率的下降，银行会增大采取道德风险行为的可能，银行会为了生存，追逐更高风险的资产（Hellman et al.，2013）。另一种观点认为，银行竞争会提高信贷发放的效率，促进信贷资源配置的优化，这是因为管理者为提高公司经营效率付出了努力以应对银行竞争所导致的垄断利润的下降，减弱银行的道德风险和逆向选择问题。同时，信贷市场的竞争会限制银行进行跨期盈余分摊，从而抑制银行发放高风险信贷（Gonzalez，2014）。

自 20 世纪 90 年代以来，以国有大银行为主的金融体系发生了重大改变，尤其是构建多层次金融体系和加快银行体系市场化改革的战略目标在 1998 年被确立以来。中国以国有五大银行绝对垄断地位为主的银行业结构受到了改革政策的巨大外部冲击，国有大型银行所占市场份额和垄断势力逐步下降，银行业的市场竞争程度不断上升。因此，在这些特定的多重改革与发展背景之下，中国当前以国有大银行为主的金融体系，究竟是否可以促进微观企业的创新活动？中国现阶段所推进的以放松非国有五大银行的银行机构异地市场进入管制的改革政策所带来的银行结构性竞争的强化，究竟能否在整体层面上有效促进地区内微观企业的创新活动？针对这些问题的深入研究和客观解答，不仅仅是为既有研究前沿领域提供了来自中国的直接经验证据，更是为我国今后的银行体系改革方向提供重要的政策建议。因此，讨论银行体系及其结构在中国经济发展过程中的作用很有必要。

二、研究的主要内容

第二章介绍了国内外金融理论有关竞争、效率与稳定关系的研究，提出本书的研究对象是银行业竞争、效率促进与市场稳定的关系。本书的分析框架是竞争态势—银行的市场行为—银行效率与稳定—政策分析。笔者认为，竞争态势与行为、经营效率、配置效率的关系是：竞争态势决定行为，行为影响经营效率和配置效率。

第三章是我国银行业银行竞争态势分析。本章利用银行业集中度指数的测定、非市场结构的衡量方法（PR 模型）、银行间的资产收益率的离散系数衡量银行业的竞争程度，结论是，我国银行业市场结构并没发生本质的变化，市场的竞争程度仍然极为有限，以商业银行垄断行为主要特征。按产业组织的结构法理论，通过一些垄断结构指标大致判断出我国银行业的垄断竞争程度特征；然后按产业组织的非结构法理论，通过非结构法的计量实证分析模型，对我国银行市场的竞争垄断程度、均衡条件进行精确判断。这部分成果可以作为我国决策部门制定相关垄断竞争产业政策的依据。

第四章是我国商业银行竞争与效率的实证分析。本章进行如下实证分析：银行竞争与银行经营效率的实证分析，银行竞争与银行资金配置效率关系的实证分析，中国银行业市场结构、产权结构与经济绩效的关系检验。结论是，我国商业银行的经营效率和资金配置效率水平都比较低下，我国银行业改革并没有达到预期的结果。

第五章是我国商业银行竞争与稳定性实证分析。本章进行了银行竞争与银行稳定的关系的理论分析。本书认为，银行效率提高增加的福利远大于不稳定带来的福利损失。本章实证分析的结果是：我国银行的市场竞争格局，即集中度高的市场结构并没有带来银行业的稳定，反而引致了整个银行体系的脆弱性。目前垄断格局还未打破，市场准入和退出机制有待建立。

第六章是竞争政策与我国银行业竞争力的提高。本章论证产权改革对银行效率提高的重要性，但光有产权改革不行，银行业还必须引入竞争政策。本章分析了竞争政策及其对银行业的适用性，探讨我国银行业政策效率目标的缺失问题及处理好银行效率与稳定关系的竞争政策取向，并提出完善竞争规制以提升商业银行效率。

三、研究的方法与思路

本书采用定量分析与定性分析相结合、规范研究与实证研究相结合的研究方法，在各个章节各有侧重。本书在借鉴传统商业银行竞争、银行效率与风险行为关系的理论基础上，从多种角度出发，对存、贷款市场竞争条件下银行业稳定行为的变动方向及其条件进行了定性分析，并得出了有关政策建议，这是回答"应该是什么""应该如何做"的问题，属于规范研究。除此之外，通过描述性统计，计量经济学模型分析等，对中国银行业市场竞争格局的变化过程进行描述，并对存、贷款市场竞争与银行效率及银行稳定性的历史关系进行了定量检验，这是回答"是什么"的问题，属于实证研究的范畴。

（一）实证分析与规范分析相结合

实证分析是现代经济学研究中广泛应用的一种方法。它是从经验数据或事实出发，利用归纳和演绎方法去寻找经济变量之间的相互关系，从中发现经济运行的内在规律性，并分析和推测经济行为的延续性后果，最终形成并证实某种经济假说。它对实际发生的经济过程进行描述、解释、预测，但并不对实际经济运行的前提和结果进行好与坏、公平与否的价值判断。一般来说，实证经济学的假说应该是能够被证伪的。同样，规范分析也是经济学领域经常运用的一种研究方法，其突出的特点主要表现在，它是以一定的价值判断为出发点，首先注重对这种价值判断标准的研究，并用它去评价经济运行的前提和结果是好还是坏，其次说明经济应该怎样发展或者不应该怎样发展。运用银行产权与绩效、商业银行规模经济与范围经济等微观银行理论，分析产权结构、银行经营规模及经营范围对于其绩效的影响。

本书以我国商业银行的效率与稳定性作为实证分析的对象，从我国商业银行微观的经营效率和宏观的资金配置效率方面回归分析了导致我国商业银行经营效率水平低下的因素，及利用上市公司的数据获得了银行资金没有流向经营效率水平高和收益稳定的企业等证据，证明了我国商业银行资金配置效率水平低下。

（二）产业组织的分析方法

传统的产业组织框架是结构—行为—绩效，但笔者认为市场结构不能完全反映市场的竞争态势，本书提出的基本理论框架是：市场竞争态势—行为—银行效率与稳定性—政策分析。本书将产业组织理论纳入对银行业竞争问题的分析中。PR 模型和 BL 模型都属于新实证产业组织方法范畴。在中国银行业满足长期均衡的条件下，从整个市场和信贷市场角度，利用 PR 模型对我国商业银行竞争行为进行研究。考虑到 BL 模型可以测度不同地区和分市场的竞争行为，利用静态、动态 BL 模型对中国商业银行存贷款市场的竞争行为做进一步的深入分析。

所谓产业组织是指生产者之间的相互关系结构，而产业组织理论是指研究产业内企业间竞争与垄断关系的应用经济理论。本书从产业组织的视角出发，以产业组织理论为基础，立足于推动中国银行业有效竞争的形成与发展，通过对中国银行业价格竞争行为的研究，分析了中国银行业价格竞争行为悖论，并提出了中国银行业竞争行为的阶段性演化特性和非合作博弈的特性，然后从不对称管制、经济租金、转移成本和产品差别化等角度建立了旨在分析中国银行业价格竞争行为的一个分析框架，之后分别探讨了各种不同因素对中国银行业竞争行为的作用机理，最后分析了中国银行业竞争行为和行业的市场结构及其市场绩效之间的关系，并简要地探讨了超价格竞争阶段中的中国银行业差异化服务创新竞争问题。

四、本书的创新之处与有待进一步研究的问题

（一）将产业组织理论引入银行业竞争问题分析中

本书的分析框架是竞争态势—银行的市场行为—银行效率与稳定—政策分析。我们认为，竞争态势与行为、经营效率、配置效率的关系是：竞争态势决定行为，行为影响经营效率和配置效率。由前所述，由于银行业市场稳定对银行业的特殊性，我们将银行业稳定纳入分析的框架，即竞争态势和市场行为决定银行业稳定性。结合中国银行业市场化改革实践，分别对商业银行存、贷款市场竞争、银行业效率与银行稳定的关系开展了实证研究，并补充了已有文献的分析和结论。当前国内学界针对市场竞争与银行稳定性关系的实证研究，其着眼点均在于对银行综合市场竞争风险效应进行评价，在可得的文献范围内，未曾发现对银行业竞争、银行业效率与稳定性相结合的问题进行研究。

（二）既考虑了银行微观的经营效率，又考虑了宏观的资金配置效率

通过实证分析，我们得知，现阶段我国商业银行的经营效率和资金配置效率都处于低下水平，我国在 1994 年和 1998 年对银行业采取一些较大的改革，通过分阶段回归，我们得出的结论是：我国在 1998 年前后的经营效率与配置效率没有本质的差异，说明我国对商业银行所采取的改革措施没有达到预期的提高商业银行效率的目的。这部分研究不仅丰富了原有西方产业组织理论的思想，拓宽了产业组织理论的适用范围，而且还为银行管理层切实规范银行经营、提高银行绩效提供了理论参考与实证依据，为决策部门提供新的角度来看待各项银行改革措施之间的关系，有助于决策部门在一定时期和范围内应采取短期、中期、长期搭配的经济金融改革政策，尽可能地使我国

商业银行维持较好的绩效水平，不断提高我国商业银行的绩效。

（三）银行的竞争力无法通过培育获得，而是通过竞争形成

要提高商业银行的效率与稳定性，政府要做的是将竞争政策引入银行业中，不要直接干预商业银行的经营行为。研究提出，当不存在银行间市场约束时，银行业竞争会导致银行风险上升；而在银行间市场约束条件下，市场竞争会使高存款市场份额银行减少风险行为，并激励低存款市场份额银行增加风险行为。总体而言，银行业的竞争能提升银行的配置效率，并有利于银行业的稳定。

当然，限于水平和数据的原因，有些研究不够深入。如竞争与稳定性关系的实证分析还有待进一步研究，缺乏与发展中国家银行业进行比较，今后，我们将进一步研究这些国家银行管制放松和竞争加剧之后，银行业效率与稳定性是否发生变化，从而给我国银行业政策取向提供借鉴。

第二章
银行业竞争、效率与稳定性
关系的理论研究

第一节 银行业的产业组织分析框架

一、关于竞争的定义

什么是竞争？乔治·斯蒂格勒（1987）的解释是："竞争系个人（或集团或国家）之间的角逐，凡两方或多方取得并非各方都能获得的某些东西时，就会存在竞争。"竞争是厂商的行为特征，与完全竞争市场结构没有必然的联系，影响竞争的关键因素是厂商行为的自由度。这也是本书所支持的竞争的定义。

经济学家对竞争的定义没有形成统一论断，他们对竞争的理解可分为两种：一种是把竞争当作静态的一般均衡分析；另一种是把竞争看作一个发现的动态过程。前者以主流的新古典经济学为代表，它最早由19世纪的古诺和瓦尔拉斯提出，其实际上提出的是完全竞争概念。完全竞争包括以下条件：（1）关于所有买者和卖者的每一种相关效用函数以及全部相关价格的完全知识；（2）买者和卖者的数目无穷大；（3）所有厂商完全地、开放地进入和退出；（4）同质商品。新古典经济学家把完全竞争均衡作为最优的参照标准，认为任何市场势力都会导致市场效率的下降。后者则以米塞斯、哈耶克和柯兹纳等为主要代表，提出竞争性市场过程理论，他们创立了现代奥地利学派，建立在门格尔所提出的理论上，认为完全竞争模型没有探讨导致均衡的竞争过程，而只描述了一个均衡的状态，这是它的一大缺陷。他们提出，竞争是一个知识发现过程，如果不经过现实中相互竞争的企业家的发现，那么经济生活中的许多信息是无法为人所知的。

在企业竞争及政府规制条件下，有效的市场竞争格局自然能够形成。当然，这里的有效只能说是相对的，是相对于独家垄断而言的。市场也并不是参与竞争的企业数量越多越有效。根据福利经济学的基本定理，市场竞争的主要特点是，当市场竞争完全并满足某些条件时，市场竞争最优化配置资源，从而达到社会福利最大化。

陈秀山（1997）提出竞争有如下三个标志：存在一个赖以生存的市场；存在至少两个以上的生产者和消费者；竞争参与者之间是相互对立、相互制约的，竞争本质上体现了竞争者相互之间的利益关系。

新古典经济学派对竞争的理解，可能会导致政府对经济干预范围的扩大。因为完全竞争市场结构确立了理想的效率状态，当现实的市场竞争不满足完全竞争的条件时，即市场失灵，就认为应由政府干预代替市场市调节作为资源配置的手段，即应视其程度不同，实施不同的政府干预措施。这种认识是建立在完全竞争理论的基础上。但是，如果我们根据现代奥地利学派的观点，不将竞争看作一种状态而是看作一个过程，将会得出与上述关于政府干预的不同结论。

二、银行业的特殊性

银行业是金融业的核心，它的发展状况直接影响到一国经济的稳定和健康发展。商业银行作为最重要、经营范围最广泛的金融机构，其融资活动是经济发展的重要动力。它是政府传递货币政策的主要渠道，提供消费信贷和向企业放贷的最重要的资金来源，在现代信用货币经济条件下，银行的效率和稳定对国民收入增长及就业水平稳定与提高起着重要作用。

（一）服务性

商业银行与非金融机构的重要区别是不生产任何实物，而是为生产提供金融服务。与主要从事非金融性业务的公司相比，相对于"真实"资产，它们有一个高的金融资产比率。实际上所有的公司既拥有金融资产也拥有"真实"资产，但是非金融公司一般主要持有"真实"资产。银行的真实资产主要包括它自己的办公室和设备，并且这些只是它的总资产的一小部分。许多银行负债是可交易的，例如被用作交换媒介。明显的例子是以可支付存款作保证的银行汇票和支票。银行资产通常比它们的负债有长得多的到期期限，并因此流动性较小。银行因此把流动性相对较小的较长期资产"转换成"相对具有流动性的短期负债。商业银行与一般企业最显著的区别是在信用制度基础上，从事受信（接受他人信用，包括存款和发行债务凭证）以及授信（授人以信用，包括放款及票据贴现等）业务。

（二）外部性

银行相比其他产业更易受到不稳定性冲击的原因是：在资产负债表中，银行同时拥有短期存款的负债和不易迅速变现的长期资产。在没有存款保险和技术条件下，银行很容易受到挤兑。高财务杠杆的企业有从事冒险行为的强烈动机。如果冒险成功，企业所有者受益；如果冒险失败，债权人承担损失。银行产生代理问题表现在：银行有非常高的财务杠杆；大部分的债权所有人是分散的、力量微弱的存款人，不能获得银行活动和风险方面的信息；存款保险的存在进一步削弱存款人监督银行冒险行为的动机。

一家商业银行的行为失范或经营不稳健所引致的不仅仅是该银行的损失或局部金融震荡，它有可能在多米诺骨牌效应下给一国经济发展、金融安全和存款者利益带来灾难性后果。因此，在将 SCP 分析框架应用于银行业时，衡量绩效的指标就不仅仅是银行利润或配置效率，而且还要考虑银行业的稳定性。银行的稳定性是反映银行竞争力的重要指标。银行不仅容易受到冲击，而且银行业中的不稳定要比其他产业带来更大破坏性结果。由于银行拥有消费者和厂商的金融资产，对经济增长有相当重要的作用，银行破产会带来巨大的经济成本。同时，各个银行通过多种渠道相互联系在一起，单个银行受到的冲击会波及其他银行。这提高了银行危机的成本。正因为上述原因，银行系统的稳定性是政策制定者的一个长期目标。传统的观点是效率与稳定是此消彼长的关系：竞争体系更有利于效率的提高，但对效率起不利作用的市场势力的存在对维持银行业稳定是有利的。然而，导致银行业存在潜在破产的重要因素是信息方面的问题。而竞争能促进其公开经营状况，使人们能了解哪些银行经营效率低下、盈利能力差，从而在一定程度上降低脆弱性。同时，竞争还能帮助政府管理者识别哪些银行内部控制结构处于无效率状态。因此，竞争在一定程度上能减轻银行的脆弱性。

（三）信息不对称

所谓的信息不对称是指交易的一方不充分了解另一方掌握的信息。缺少借款人的信息①（包括借款者如何处置贷款）是竞争性市场所面临的一个最大的问题。信息不对称将通过导致逆向选择和道德风险问题而降低资源配置的效率。从负债方来说，由于债权人（存款人）非常分散，在有效监督银行的经营活动方面有很大困难，从而导致银行采取道德风险的行为；从资产方来说，银行所服务的客户通常是不集中的，银行在全面了解每个借款人的资信状况方面受到限制，以致出现逆向选择问题。在借贷市场上，信息不对称表现为企业经营管理者有内部信息，了解项目的未来前景和企业的自身经营状况，而投资者没这方面的信息。银行这种金融中介机构的出现是为了减少借贷市场上的信息不对称以及由此而造成的社会交易成本高昂所形成的一种市场替代。但从委托代理角度看，银行本身也处于委托代理链中，相对于借款者，它是委托人，而相对于储蓄者，它又是代理人，这也就是说，银行业本身也存在信息不对称问题。总之，提高银行竞争力的源泉来自尽可能地弱化信息不对称，最大程度地降低交易费用。

因为银行业的特殊性，银行业竞争不同于其他行业的竞争。银行业竞争

---

① 一个处于垄断地位的银行可以通过选择利率水平和信贷配给，或者与借款者形成长期的联系，达到对不同类型的借款者进行甄别（screening）并减少道德风险行为的目的，而在竞争性市场条件下，银行无法做到这一点。

必须比其他行业更多考虑到市场稳定，因为银行业的稳定具有特别重要的意义。

三、产业组织理论在银行竞争中的应用

20 世纪 30 年代以梅森（Mason）和贝恩（J. B. Bain）为代表形成的哈佛学派建立了 SCP 分析框架。他们提出市场结构影响企业行为，企业行为影响市场运行的经济绩效，其政策含义是只要调整公共政策让不合理的市场结构趋向完全竞争的市场结构，即可获得理想的市场绩效。SCP 分析框架着重研究市场集中度和利润率之间的关系。哈佛学派认为，在非完全竞争的市场结构中，少数寡头企业间的勾结、协调行为以及通过非价格竞争手段阻碍竞争对手进入市场的行为，以降低市场的竞争性，产生超额利润，带来低效率的资源配置或是社会福利的净流失等，导致低下的市场绩效。这就是"集中度—利润率"假说。为了改变这种低效率，政府应通过实施有效的产业组织政策以形成和维护有效竞争的市场结构，通过企业分割、禁止兼并等管制手段对经济生活中的垄断和寡占采取规制政策，重建有效竞争的市场秩序。

经济理论界对于"市场结构—市场行为—市场绩效—公共政策"这一分析框架和步骤一直存在着争论，但是，这一分析框架的因果关系或者分析方法还是被众多学者采纳。银行业因其具有独特的产业特征，应用改造过的 SCP 分析框架研究中国银行业具有一定的理论与实践意义。在研究内容上，产业组织学派主要偏向分析单个产业内部的市场结构、厂商行为和经济绩效。贝恩模型更多地重视了实证研究，创立了结构—行为—绩效框架分析产业，并将产业分解为特定的市场。贝恩主张不同的厂商定价和非价格行为是由不同的市场结构导致的，其本身又会影响经济效率。在新产业组织理论中，仍然将结构、行为与绩效列为主要分析对象，但不再强调的三者的因果关系，且更细致地研究非完全竞争市场结构下的厂商行为，而不再静态研究市场结构的状态。

20 世纪 60 年代，一些学者开始将银行业纳入产业组织研究范式（Berger，1995；Gilbert，1984）。其早期研究多提出寡占市场理论假设，然后实证

分析银行业市场，但对该理论为什么可以适用于银行业这一关键问题没有给出合理解释。到了20世纪80年代，金融中介微观理论的发展得到不完全市场理论和新制度经济学的推动。从20世纪90年代开始，银行微观经济理论奠定了银行业分析框架的基础。产业组织学的研究方法开始应用于银行微观经济理论，传统的产业组织范式更加侧重经验性的研究，认为以某种方式度量的市场结构决定银行业的企业行为和市场绩效，产品差异和市场集中度影响着产业内在位企业间的价格决策和利润率的竞争，新企业进入的可能性受产业的规模经济、产品差异以及对品牌的忠诚影响。从实践看，20世纪90年代放松银行业管制后，更多的研究关注点放在银行业的竞争与策略行为上。

产业经济学的两个理论分支——不完全信息理论和委托代理理论已成为微观银行理论的基础，也是用产业组织分析银行业竞争的主要出发点。它将银行视为信息市场的一个重要角色，信息市场的条件对银行业结构、行为和绩效有重要影响。用产业组织的方法研究就必须用不完全信息修正传统的SCP框架。修正后的SCP框架见图2.1。

为了区别于一般研究文献所定义的银行竞争，本书将中国情景下源自银行进入管制放松政策所带来的商业股份制银行以及城市商业银行体系对五大国有银行为主导的垄断性银行体系的打破，以及由此产生的三种不同种类银行机构体系之间竞争格局的形成和强化，定义为银行"结构性竞争"。从中国银行体系的市场化改革方向以及所实施的银行进入管制放松政策角度看，其既会提升五大国有银行、商业股份制银行以及城市商业银行体系中内部单个银行之间的竞争，也会强化五大国有银行、商业股份制银行以及城市商业银行体系之间的竞争。但是，要准确刻画和提炼处于重要银行改革措施对银行体系所造成的特定性质竞争格局的形成机制与内在特征，如果仅仅使用一般研究文献所定义的单个银行之间的竞争，可能难以有效反映和捕捉处于当前特定改革背景下中国银行体系竞争格局所呈现出的关键特征，因此，使用不同种类银行机构体系之间竞争特征信息所定义的银行"结构性竞争"，可能就会更为准确地反映当前中国银行体系的主要竞争格局，更为贴近中国近年来所推进的一系列银行体制改革举措的核心逻辑，也更能检验中国银行机构改革政策是否取得了相应的具体成果。能同时促进效率与稳定的最

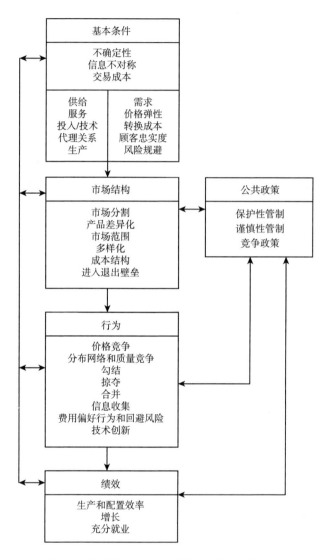

图 2.1　经过修正的 SCP 框架在银行业的应用

优竞争结构是什么：完全竞争、完全垄断或介于两者之间的竞争结构？在最优竞争结构下的银行业组织又是怎样的？银行业竞争、银行效率与市场稳定之关系研究，无论对银行业产业组织理论的创新还是对银行业竞争政策的制定都是重要的。

　　传统产业组织理论主要是对非银行企业的研究，从中移植过来的支持银行业竞争的观点，忽略了银行产业的特殊性，只是将竞争保证了社会福利最大化的逻辑简单地移植到银行业竞争中。本书认为，传统的产业组织理论简单地用企业数目去度量竞争，有一定的局限性。基于上述的分析，提出本书的分析框架。本书的分析框架是竞争态势—银行的市场行为—银行效率与稳定—政策分析。我们认为，竞争态势与行为、经营效率、配置效率的关系是：竞争态势决定行为，行为影响经营效率和配置效率。由前所述，由于银行业市场稳定对银行业的特殊性，我们将银行业稳定纳入分析的框架，即竞争态势和市场行为决定银行业稳定性。本书的理论假说是，我国银行业垄断造成银行业经营效率与配置效率的低效性，以及带来银行业的不稳定，在对我国银行业竞争态势、银行效率与稳定关系的实证分析基础上，证明这个观点，对我国现有银行业政策进行分析，并提出增进我国银行业效率与稳定性的相关政策。

第二节 银行竞争与效率： 理论与经验分析

虽然金融体系包括金融机构、金融市场、清算和支付基础体系，但是，本书重点放在金融机构，尤其是银行，因为在现阶段，商业银行相对于其他金融机构对我国国民经济发展起着更重要的作用，对商业银行业的改革也是我国目前改革的重点。我们通过银行的功能来理解银行体系对社会福利的贡献。它们向企业和消费者提供必要的金融服务：它们提供持有和交易金融资产的途径，通过向企业和消费者提供信用充当储蓄和投资的媒介，而且它们可以分散风险。在经济增长的文献中，具有良好功能的金融体系尤其是银行的发展，受到越来越多的重视。

银行业是一个服务行业。它们不是以提供实物方式促进经济增长，而是为其他产业提供金融服务辅助生产来带动经济增长。有效率的银行业能对经济增长做出巨大贡献。本书将从配置效率与生产效率角度对竞争银行体系与有市场势力的银行体系进行比较。

在以往的研究中，有学者对金融效率的定义进行过分析（王广谦，1997；

杨德勇，1998；王振山，2000），但对银行效率没有给出明确的定义。在西方银行经营管理理论中，对银行效率的定义也是众说纷纭，但一致的看法是银行业务活动中投入与产出或成本与效益之间的关系。

我们认为，银行效率是在有效地保证银行所控制的资源营利性、安全性、流动性基础上，能够合理配置银行资源并能最大限度推动社会资源的流动，是银行竞争能力、投入产出能力的总称。银行效率可以从微观和宏观两个方面加以考察。从银行单个竞争部门来考察，银行效率就是指商业银行所完成的金融资源配置达到最优状态，也就是其投入与产出或成本与收益的比较。从宏观层面来考察，也就是把银行要素（人力、物力、分支机构、各类金融资产的存量和流量）的投入与国民经济的增量和其增长质量进行比较。

一、银行竞争与信贷资金配置效率

（一）传统产业组织的观点

对于银行竞争能带来潜在收益的论断，大多是把标准的产业组织经济理论引入对银行业的研究而获得的（Freixas and Rochet，1997）。按照一般产业组织理论的观点，垄断将会减少整个社会的福利，垄断者生产低于最优水平的产品和服务，向消费者收取更高的价格，阻碍发明和创新，扭曲资源的有效配置。在完全竞争的市场中，银行是追寻利润最大化的价格接受者，竞争使得银行的自身成本和银行服务价格最小化，并在最低价格水平下提供最大数额的信贷资金。即竞争提高了资源配置效率，这种效率的提高对经济中其他部门有正的外部性，从而有利于经济增长。与之相反，当银行定价高于边际成本并获得超额利润时，说明有市场势力的存在。在此条件下，银行减少信贷数量并征收更高的价格。

按照传统产业经济学方法得出的结论是众所周知的。按照传统产业组织理论，由众多规模相当的厂商组成的集中度较低的行业组织能够产生竞争绩效。银行业要作为竞争性产业的特征是拥有众多的小银行，所获得的收益应与在其他产业竞争的其他企业相近。竞争通过确保银行在最低价格水平提供最大数量的信贷资金来使福利最大化[①]。

贝赞可和撒克（Besanko and Thakor，1992）构建的理论模型研究了竞争者相互之间有差异的银行所在的存、贷款市场。[②] 他们的结论是，当更多的银行进入市场后，贷款利率会降低，存款利率会上升。古兹曼（Guzman，2000）利用简单的一般均衡模型把垄断银行体系对资本积累的影响，与竞争体系进行比较。他的结论是银行业的垄断势力倾向迫使资本积累呈萎缩趋势。这种趋势从该模型的几个结论获得：在竞争性银行体系不会进行信贷配给的条件下，垄断性的银行体系仍进行信贷配给；两种银行体系都存在信贷配给的条件下，提供的贷款利率相同，但垄断银行提供更低的存款利率；在都没有信贷配给条件下，垄断银行会征收更高的贷款利率。这些模型都支持相同的论点：银行业市场势力的存在对银行客户和经济增长都是不利的。[③]

在国内，主张从市场结构进行银行业改革的学者以于良春、鞠源（1999）等人为代表，他们的研究大多建立在传统的产业组织观点基础之上。其理论前提是市场结构集中度较低的银行行业组织能够产生竞争绩效。他们应用SCP（结构—行为—绩效）分析我国银行业市场结构，继而得出我国银行业竞争状况的评价。结论是我国银行业市场结构呈现高度集中状态，即垄断的市场结构阻碍我国银行业效率的提高。他们的政策建议是：对整个行业实施放松管制的改革，从市场进入、价格放开和打破银行经营范围限制，提高开放度等方面促进行业多元化的出现并提高竞争度，以促进效率的提高。

（二）净资产、信息不对称与配置效率：另一种视角

一些学者认为，上述推断只是在完全竞争的银行市场和完全信息的情况下成立，但实际上这是不存在的。竞争性市场所面临的一个最大问题就是缺少借款者的信息（包括借款者如何使用贷款），不对称信息将诱发逆向选择和

[①] 即使在传统的产业组织理论中也有与之相反的观点：伯川德竞争使当市场上只有两个竞争者时也能达到完全竞争的结果。

[②] 差异化是通过构建空间模型，银行因地理位置不同而存在差异而完成的，这也可延伸到银行因提供的产品差别而出现的差异，类似的研究方法是基于霍特林和萨洛普模型。

[③] 可以参照弗农·史密斯（1998）证明银行竞争如何促进经济增长的模型。

道德风险问题，从而降低资源配置的效率，而这一问题在垄断的银行结构下却变得较易解决。而且，标准的产业组织框架把银行与其他企业视作等同，而有一些理论框架则着重考虑了银行业独特的特征，继而认为市场势力的存在并不必然对银行资源配置效率起负面作用。这些观点通过下述的关系型贷款理论，甄选理论得到论证。

资本积累不仅依赖于信贷资金的数量，而且也受资金配置效率的影响，即信贷必须最先配置给最有效率的项目。商业银行能提高资本配置效率的观点是建立在如下假定之上：商业银行不仅是储蓄与投资的中介，同时也提供信息以减缓贷方和借方之间的信息不对称问题。可以通过关系贷款与甄选的作用对上述观点进行解释。

银行既从事关系型贷款又从事交易型贷款。关系型贷款要求银行有专门的技术及与企业保持持续的关系。这要求银行付出成本，但银行可从与企业的关系中获得准确的信息。贷款的供给建立在对企业未来收益预测的基础上，而不是基于项目的目前收益上。交易型贷款是基于对企业可观察到的信息上的保持距离贷款①，而不是基于与企业关系上的贷款。关系贷款通常被认为对下述贷款方是最为有利的：拥有较少信贷历史记录、少量抵押品及私营的新成立的企业。信用状况透明且好的借款人，能向银行传递他们信用品质的信号，因此，既可以选择关系型贷款又可选择交易型贷款。

在一篇有开创性意义的论文中，彼得森和拉詹（Petersen and Rajan, 1995）指出，与在传统意义上的竞争环境下相比，具有市场势力的银行更愿意从事关系型贷款（导致新兴企业得到更多数量的贷款供给且资金成本更低），在银行业市场中的竞争对于银行与企业建立长期的关系是不利的。银行面对一群具有风险的借款人，由于新企业几乎没有信贷历史记录，它们尤其有风险性。在竞争的市场中，银行收取更高的利率来应付面临的风险。但是这会导致具有更大风险的企业申请贷款（逆向选择）及借款人从事风险更大的项目（道德风险）。如果银行具有市场势力，银行对高风险将不是通过提高利率，而是通过分享企

---

① 在保持距离型贷款中，贷款人只依赖来自公开市场的信息进行决策，并且借贷双方只进行一次性而不是长期多次交易。贷款人也没有企业专有信息，不干预、控制企业，而是通过优先受偿权和抵押担保等方法来保障其债权。

业未来的利润流量得到补偿。由于成功了的企业不会被竞争者"诱拐"走，银行可通过在将来对企业再贷款而获利。因此，具有市场势力的银行更愿意提供信贷，而且在具有"补贴"性质的利率下，与企业建立贷款关系。因此，存在市场势力的银行业市场能促进信贷数量和经济增长的提高。

虽然文献中盛行着银行竞争与关系贷款呈负相关的观点，但也存在与之相反的观点。例如，布特和撒克（Boot and Thakor，2000）构建了一个银行既从事关系型贷款又从事交易型贷款的模型。他们论证了银行其实在竞争环境中更多地从事关系型贷款。假设垄断银行同时提供两种类型的贷款。关系型贷款是提供给低等和中等信用品质的借款人。由于关系型贷款对这类借款人而言有很高的价值，垄断银行可以获取其中部分（或全部）价值。而关系型贷款对信用品质高的借款人价值较低，因此，不值得它们向银行付出成本进行为获得关系型贷款的投资。当银行竞争加剧时，银行可以从关系型贷款获取的盈余减少了，导致银行减少这种类型的贷款，这与彼得森和拉詹观点一致。然而，作者提出竞争使银行从事交易型贷款比从事关系型贷款导致的利润下降幅度大。这激励银行在市场竞争条件下转向提供更多的关系型贷款，这与银行竞争与关系贷款呈负相关的传统理论不符。

另外一种消除信息不对称的途径是通过银行对客户的甄选。刻托洛尼和佩罗托（Cetorilli and Perotto，2000）在给定银行有甄选职能下建立了资本积累的一般均衡模型考察最优竞争结构。为了区分高品质与低品质借款人，银行有动机进行甄选。但是银行甄选是要付出成本的，而且在竞争对手可以观察甄选结果的范围内，产生的"搭便车"问题降低银行从事甄选的积极性。刻托洛尼和佩罗托指出，解决"搭便车"问题的最佳途径是银行只对部分借款人进行甄选，因此，银行既对安全的（甄选过的）又对有风险的（没有甄选过的）借款人进行贷款，由此可见，银行的数量对经济增长起负面影响。当银行数量减少时，可获得的信用贷款数量就会减少。但银行有更大动机去甄选借款人，提高"安全"的高品质贷款的比例。[①] 因此，随着银行数量减

[①]　在古兹曼看来，因为垄断银行收取更高的银行利息，因此，有动机减少贷款的道德风险，有对企业筛选的动机。而本书认为，在更为集中的市场，银行有更强烈的动机对企业筛选，因为它们可以从获得的信息所有权获利，而不是来自更高的利息。

少，就出现信贷数量与借款人质量取舍问题。这种取舍对经济增长很重要。从上述分析中可得出垄断的而不是竞争的银行业市场结构对经济增长起最大化促进作用。

综上所述，上述文献从不同角度考察了银行业竞争程度对关系型贷款和银行甄选的影响，从而得出市场势力在一定程度上能提高银行资源配置效率的结论。关系型贷款理论从银行为新企业融资的角度出发，认为具有市场控制力的银行可以在企业创建初期为之提供低利率；待企业成长起来之后再索要高利率，从而比竞争市场中的银行更容易留住成功的客户。银行甄选理论认为在竞争性市场上，银行对客户的甄选能力和动力的降低，从而会索要更高的利率以抵补风险，并且会实施一定的信贷配给，导致信贷数量减少。

（三）对实证分析结果的解释分析

在传统的产业组织框架中，市场势力（企业将价格定在边际成本之上获超额利润的能力）导致高贷款利率与更低的信贷供给量，对经济增长起阻碍作用。而另一种理论框架则认为，市场势力可以改进银行生产信息的功能（通过关系贷款和甄选），从而提高信贷资金的配置效率。在前一种理论框架中，人们往往从集中度与行业绩效（利润率）之间的相关性分析着手，如果集中度与行业利润率存在正相关关系，就认为存在以集中为基础的垄断势力。但是，以这种思路分析银行业往往存在偏差，因为现代银行是产品多样化的服务机构，很难判断银行的利润率是否是由集中率直接造成的（彼得·纽曼等编，2000）。

为检验这些理论，经验实证的文献主要用银行的数量或集中度作为衡量市场势力的指标。早期的文献主要利用美国银行业的数据考察银行盈余与集中度的关系。例如，伯杰和汉南（Berger and Hannan，1991）指出，银行集中与低的存款利率并存，汉南发现，集中度的提高会带来更高的贷款利率。早期的研究通常验证了集中度与利润存在正相关关系，支持了市场势力阻碍了银行效率提升的论断。

在这些文献中，最主要的一个问题是，他们没有把生产效率的差异考虑进去。因为在追求最大化收益上，高效率的银行有更好的能力，可以获得更多的利润。由于效率高的企业可以获得更高的市场份额，而且利用所获得的利润有能力兼并一些效率低下的银行，因此，提高了市场集中度。市场集中可以是有效率的银行由于能降低成本和获取更高的利润，相应地占有较大的市场份额而导致的结果，而高利润率并不必然是由垄断势力减少贷款供给数量提高利率而导致的。例如，在消除了银行效率差异条件下，伯杰（Berger，1995）提出较为复杂的结论。他指出，在控制效率这个变量条件下，市场份额与收益率正相关，但银行业市场集中度却与利润负相关。在庞特和范（Punt and Van，2001）所做的对欧洲银行业相似的研究中，也得出复杂的结果。虽然他们的研究支持了集中度与利润率正相关的论点，但是他们不能解释经营不同的产品服务所带来的利润差异。

彼得森和拉詹（Petersen and Rajan，1995）利用美国的数据检验了关系贷款理论。利用集中度作为市场势力的指标，他们发现，在高集中度的市场上比在低集中度的市场上，成长企业能获得更多数量的贷款；他们同时发现，在高集中度的银行业市场中，银行在企业生命周期内可以调整利率，当企业成长时，征收较低的利率，而在企业成熟时，则收取较高的利率。

最近的文献是利用面板数据在范围更广的金融体系中研究市场集中的影响。刻夫舍尔和格罗普（Corvoisier and Gropp，2001）利用跨国的和跨行业的数据库检验银行业集中度对不同产业增长产生的一般影响。他们的结论是，集中度对经济增长总体上起负面影响，但对不同的企业有不同影响。在新企业更多依赖外部融资的产业，在具有高集中度银行业的国家发展得更快（支持关系贷款的理论）。

刻夫舍尔和格罗普（2002）利用欧洲的数据库，在控制了竞争条件、成本结构和风险因素后，研究了集中度和贷款定价的关系。考虑到不同的银行产品会受到集中度不同程度的影响，他们分别计算了四种不同产品的集中度和价格：贷款、票据、活期存款和定期存款。他们发现，在贷款和票据市场上，集中度与低竞争价格共存，但对其他产品市场则不是。不同的产品市场受集中度影响是不同的。

贝克、戴莫古克－康特和马克西莫维奇（Beck，Demirguc-kunt，and Maksimovic，2003）应用发达国家和不发达国家数据研究，在控制了管制政策变量如进入、所有权结构和对银行活动的限制因素下，研究集中度对信贷可获得性的影响。他们指出，企业在高集中度的银行市场将会面临更大的融资障碍。然而，其负面影响会由于法律体系的有效性、高水平的金融与经济发展以及外资银行的进入而得到减缓。实际上，在发达国家中这种影响是不显著的。

贝克、戴莫古克－康特和马克西莫维奇（2003）考察了集中度和各种不同的管制政策对净利息差幅的影响。管制政策包括进入管制、对银行从事活动范围的限制和对建立分支行的管制。每种政策都被证实能增加银行的净利息差幅。银行业市场集中会引起银行的净利息差幅的提高。但是，一旦在给定的管制政策和一般环境因素（如所有权）的条件下，这种影响就会变得不显著。

综上所述，研究集中度与更高的利润率相关联的实证文献并不能让人信服。早期文献证实了银行业集中度与利润率正相关，但该结论在考虑时间、产品类别后却不能通过检验。而且，近期文献表明，在控制一些因素如银行间效率差异、不同的竞争环境后（如进入壁垒），银行集中度与利润正相关的关系会削减甚至消除。

在国内，也有一些学者对我国银行业进行了理论和实证分析。李志赟（2002）建立了一个信息不对称下银行信贷问题的分析框架，认为银行业的垄断结构和经济中摩擦因素过多、信息不对称问题严重，是导致我国中小企业融资难的根本原因。根据资源禀赋理论，生产劳动密集型产品为主的中小企业必然是经济增长的主要动力，因此，提出我国应建立起以中小金融机构为主体的金融体系。在关系贷款理论方面，张捷（2002）围绕融资中的信息种类与银行组织结构的关系，分析了银企之间的关系型借贷对于中小企业融资的作用，并通过一个权衡信息成本与代理成本以寻求最优贷款决策位置的组织理论模型，证明了在关系型贷款上的小银行优势。林毅夫和李永军（2001）从银行结构的规模与非金融性企业的规模非对称性角度，对中国银行业的行业结构与中小企业融资冲突问题进行了讨论，认为中国银行业过于集中的一个突出表现是中小型银行发展不足，金融资产过度集中于大银行，不利于中小企业的融资，其政策建议是集中在放松行业准入上。赵子铱、彭琦和邹康（2005）在叶欣等（2001）的基础上，利用更长跨度的样本数据（1993～2003 年），分阶段和分产权类型，对银行业的市场竞争态势展开了分析。研究发现，1993～2003 年间，根据 H 统计量，中国银行业整体上处于垄断竞争市场结构，但相比 1998 年之前和 1998 年之后的 H 估计值，在样本后期市场竞争程度有所下降。另外，在整个样本期间，四大国有银行之间的竞争环境具有较为显著的完全竞争型市场结构特点，并且它们之间的竞争程度明显高于 10 家股份制银行之间的竞争程度。

李国栋、惠亨玉和肖俊极（2009）采用勒纳指数对 1994～2006 年 14 家银行的市场力量进行了计算。结果发现，在整个样本期，银行业平均勒纳数呈波动变化，其中，1994～1997 年，勒纳指数低位运行，银行业处于高度竞争状态。1997～2002 年，勒纳指数逐步攀升，银行业竞争程度有所下滑。2002 年之后，勒纳指数明显下降，说明银行业竞争程度再次趋烈。但他们的研究都缺少银行的资金配置效率与竞争关系的实证分析，对效率变化的原因无法找到满意的解释。

二、银行竞争与生产效率

（一）理论分析

生产效率是指以最低成本生产出给定的产量。在传统的产业组织框架中，认为只有在完全竞争环境中才能实现效率。然而，完全竞争理论的假设是不存在规模经济。虽然银行业规模经济程度大小是有争议的，但是通常认为银行业在一定程度上是存在规模经济的。当一个产业趋于企业数量少且企业规模大时，说明该产业中企业拥有市场势力。如果银行业存在规模经济，规模收益会在一定程度上消除市场势力对效率所带来的负面影响。

如果银行业不存在规模经济，那么完全竞争市场可以实现最优的生产效率。如果存在规模经济，拥有大银行和产业集中度较高的银行业体系

（传统产业组织理论中，被视作存在市场势力的市场），也可以提高生产效率。[①]

竞争模型假设效率低的企业终将在市场上被效率高的企业淘汰。竞争的压力促使企业在投入品的质量与组合时实现规模经济和范围经济。但是现实的银行行为与完全竞争模型中的假设不同，市场不完善削弱了竞争压力，无效率的银行仍然存在。

一方面，在激烈的竞争环境下，如果管理层不努力，银行就有被市场淘汰的可能，管理层因此也会遭受巨大的破产成本，即失业损失；另一方面，竞争越激烈，银行实际经营信息就越容易从市场获得，委托人对代理人的实际表现了解就越充分，增加了管理层偷懒或隐瞒的风险。

金融稳定的特殊要求和信息不对称的行业特性，使得银行业不可能成为一个完全竞争的产业。为了缓解银企信息不对称，银行往往通过边贷边学来积累企业的私有信息，并在长期业务往来中建立一种合作关系。但是，银行竞争会破坏这种关系链（信息链），增加信息搜集成本，从而增加了银行维护老客户和开拓新客户的支出，降低银行成本效率。

（二）银行竞争与生产效率——从实证角度

早期的文献是以美国银行业为对象研究规模经济。这些文献普遍的结论是，中等规模的银行是最具有规模效率的[②]，这意味着对大银行来讲存在着规模不经济。然而，利用最新数据的文献指出，在不考虑银行承担风险的行为的变动因素之后，大银行的确存在着规模报酬（Hughes，Mester and Moon，2001）[③]。

另一类文献（如下文提到的）试图直接衡量银行的效率。一种广泛应用

[①] 在后面论述会提及，市场集中度高的产业并不必然出现市场势力，因此，生产效率同时从竞争和规模经济中获得提高是可能的。

[②] 平均成本曲线是相对平缓的 U 形曲线，不同文献对曲线最低点即实现银行最优规模经济点意见不一，但中等规模（资产为 1000 千万美元到 100 亿美元）被认为是最有效率的，这一结论被很多文献引用（Berger and Humphrey，1991；Berger，Demsetz and Strahan，1999）。

[③] Berger 和 Mester 考察 20 世纪 90 年代美国银行的数据，认为资产规模在 100 亿 ~ 250 亿美元之间的银行也存在规模经济。

的方法是使用 X – 效率，X – 效率的一般定义是除规模和范围影响之外的所有技术与配置效率，是关于整合技术、人力资源及其他资产来生产出给定产出的管理水平的测度。在一组资料中，可以估计最佳业务边界，最佳业务边界和某个银行实践之间的差幅用来度量银行的 X – 效率。关于银行业 X – 效率的文献普遍认为存在巨大的成本无效率，普通银行只达到最佳银行成本效率的80％水平[①]。一些研究企图找出银行间效率差异的因素，如银行规模、组织形式、市场特征（集中度等）、银行的历史、贷款资产比等。

也有证据证明银行竞争行为与高效率高度相关。安赫利尼和切托雷利（Angelini and Cetorelli，2000）提供了意大利自从 1993 放松管制改革以来银行业竞争加剧的证据，而朔尔（Schure，1999）验证了自 1993 年以来意大利银行业 X – 效率得到改进。伊万诺夫和奥斯（Evanoff and Ors，2002）论证了在美国银行业，银行竞争（以进入的增加与更多有实力的竞争者来衡量）与更高的 X – 效率是正相关的。银行业无效率可以由于竞争不强而维持下去，竞争压力的降低，使管理阶层偏好过着安逸生活，而不努力追求成本效率的极大化，导致效率降低。

我国一些学者借鉴国外的计量方法对我国银行业效率进行了实证分析。黄宪（1998）选择资产利润率、贷款费用率、资产费用率和存款费用率作为银行效率的表达，研究我国商业银行效率状态。赵旭（2000）、张健华（2003）以及李希义、任若恩（2004）基于投入数据包络分析（DEA[②]），研究我国商业银行 1994～2001 年间技术的效率，并将其分解为纯技术效率和规模效率，鉴别经营最佳的银行，分析国有商业银行技术效率的变化情况。赵旭等人（2001）运用直接测度的生产效率（即 DEA 效率）分析我国银行业市

---

① 参考 Berger 和 Mester（1997）年在《Inside the Black Box：What Explains Differences in the Efficiencies of Financial Institutions》一文中对这类文献的综述。

② 银行效率的研究方法分为参数法和非参数法两种，其出发点就是构建一个生产前沿面，某企业与该前沿面的距离就是这个企业的技术效率或称前沿效率。Berger 和 Humphrey（1997）对涉及 21 个国家的 130 项关于金融机构效率研究方法及结论所进行的分析表明，其中两种非参数的方法分别是 DEA 和无界分析方法（free disposal hull—FDH 方法，亦称自由支配外壳方法）。两种参数方法分别是随机前沿方法（distribution free approach—DFA 方法）以及厚前沿方法（thickfrontier approach—TFA 方法）。其中 DEA 方法最为常用，是一种与传统计量经济方法并驾齐驱的投入产出效率研究方法。

场结构（集中度和市场份额）与利润率之间的关系。赵旭等人用赫芬达尔指数衡量银行业的市场集中度，结论是我国银行业仍处于集中度较高或竞争强度偏弱的水平；用资产收益率 ROA 与资本收益率 ROE 作为衡量银行业绩效的指标。最终的结论是集中度、市场份额与利润率是并不是正相关，而是负相关，对此解释的一个理由是银行的经营活动并非是一种完全的市场行为。秦宛顺、欧阳俊（2001）实证分析的结果也得出我国商业银行的市场结构与银行绩效之间存在显著的正相关关系。而且，银行效率与银行市场份额显著负相关，市场势力大的银行并不是规模效率高的银行。侯晓辉等（2011）利用个体效应与非效率项分离的 SFA 面板数据模型测算了 2001～2008 年中国商业银行全要素生产率，发现市场集中度与银行全要素生产率显著负相关，竞争可以提高银行全要素生产率。

总之，较能为普遍接受的结论是银行业仍有效率提高的空间。然而，银行业现存的无效率究竟是由于缺乏竞争还是由于没有实现规模经济（或两者兼而有之），仍没有一致的结论。

第三节　银行业竞争与稳定：　理论与经验分析

在很长的时期里，市场势力的存在被认为可以确保银行业的稳定。盈利的及资本结构良好的银行被认为是最能抵抗对资产负债表冲击的。因此，拥有市场势力，且由此而获超额利润的银行被认为是更为稳定的银行。

银行面临危机的可能性决定于银行的冒险行为，关于财务结构的经典文献认为高财务杠杆的企业有从事冒险行为的偏好。如果冒险成功，股东获益；如果失败，债权方将承担损失（Jensen and Meckling，1976）。由于银行有很高的财务杠杆，因此，代理问题在银行业尤为突出。银行负债方绝大多数是存款人，他们的单个规模小，分布较为分散，对银行活动和潜在风险存在信息不对称；存款保险制度的存在更加影响存款人监督银行从事冒险活动的积极性。

拥有市场势力的大银行被认为拥有把从事冒险活动降到最低点（银行执

照价值理论）的动机，并提高信贷资产的质量（甄选理论）。然而，正如关于银行效率的文献论述的那样，问题并没有那么简单。

一、从执照价值角度分析银行竞争与稳定的关系

基利（Keeley，1990）在一篇论文中指出，20 世纪 80 年代美国银行的相继破产是由于银行竞争加剧而引起的。这个论断的关键点是执照价值与从事冒险活动的相互关系。执照价值是银行所有者在未来经营活动中获得的收益，同时代表着银行破产的机会成本。在决定是否从事冒险活动时，银行必须比较增加的冒险活动带来的收益与因破产而丧失的执照价值之间的大小。基利指出，拥有市场势力可以获取更高的租金从而执照价值也更高。这提高了银行破产的机会成本，抑制银行从事冒险活动。竞争的加剧降低了银行执照的价值，使银行更多从事冒险活动。许多学者在此基础上进一步进行研究，将影响执照价值的不同因素加入模型中去。贝赞可和撒克（Besanko and Thakor，1993）提出，银行执照价值来源于因固定市场的关系贷款而获得的信息优势。佩罗蒂和苏亚雷斯（Perotti and Suarez，2002）指出，当管制政策允许有支付能力的银行接管破产银行时，将导致在位银行攫取更多租金，银行执照价值将会随之上升。提高银行破产机会成本与银行的执照价值理论是一致的。

赫尔曼、默多克和斯蒂格利茨（Hellman，Murdock and Stiglitz，2000）讨论了具有资本管制条件下的银行执照价值。资本管制一定程度上能压制银行从事冒险活动的动机。高资本充足率要求，使银行在遭受破产时，股东要承受更多亏损，由此，降低银行从事冒险活动的积极性。但是，从另一个角度，高资本充足率同时降低了银行执照价值，刺激银行从事更多的冒险活动（"执照价值"效应）。因为资本充足率管制降低银行利润，降低银行执照价值，激励银行进行冒险活动。雷普洛（Repullo，2003）在此基础上对存款市场竞争建模，进行更深入的研究。银行既能投资于"投机的"也可投资于"安全的"资产上。雷普洛提出，没有资本管制条件下，在完全竞争和完全垄断市场下，只会出现投机均衡。在其他市场上，既可以有投机性均衡，又有谨慎

性均衡。即，竞争结构不同会带来不同的效应。接着，雷普洛指出，在资本管制环境下，谨慎性均衡总是存在着。

二、甄选和监督理论下的银行竞争与稳定关系

甄选对配置效率的效应前面已有所论述。结论就是对企业进行筛选能提高银行贷款资产组合的质量，拥有市场势力的银行有更大的动机去进行筛选。现代商业银行的主要功能之一是甄选的功能，通过对那些具有不同品质的借贷企业加以筛选，从而鉴别那些具有潜质的企业。

即使甄选动机大小不随着银行数量增多而发生变化，只要甄选技术是不完善的，银行数量的增加会导致贷款资产组合整体的质量下降。如果市场中存在较多数量的银行，且借款人频繁的贷款申请是无成本或低成本，低品质企业获得贷款的可能性就会大幅提高。这种"逆选择"的存在，会导致银行贷款质量下降，贷款银行陷入"胜利者的诅咒"[①]而丧失利润。

谢弗（Shaffer，1998）假定在市场上银行只贷款给经筛选验证为好的企业，虽然每个银行的甄选技术并不完善。在市场上，被一家银行拒绝的借款人可再次向其他银行申请贷款，但银行并没有借款人是否遭受过淘汰的信息。在如下假设条件下：经甄选出的企业，当其事实上信用状况良好的比例高于事实上不好的比例时，即甄选技术具有一定可信度时，则可以认为被银行淘汰的一些借款人中有很大比例是信用状况不好的借款人。

谢弗提出，随着银行数量的增加，贷款的数量也随之增加。银行数量越多，借款人（包括信用状况不好的）贷不到款的可能性就越小。因此，预期的贷款损失也是银行数量的递增函数。当然，通过很多途径能减轻这种影响，如到征信机构（即信用报告机构，负责验证信用信息并保存信用申请人和使用人的相关信息），银行可知道借款人是否被其他银行拒绝过。

这些理论的共同观点是，银行数量的增多会带来更多低质量的贷款，从

---

① 表示你轻易得到的东西一定是别人不要的。你以为自己是赢者，结果其实是差的东西。在金融上，这意味着你是信息劣势者。

而导致银行贷款损失。银行管制能有效抑制这种趋势。科尔代拉（Cordella，2002）研究了竞争对银行进行监督动机的影响，决定资产的风险程度。科尔代拉首次提出竞争导致银行更少采取监督活动。然而，当银行公开资产风险性的信息时，这种效应能被减缓。信息公开提高了银行增加风险性资产的成本。因此，银行通过监督管理风险的动机就提升了。对存款人的信息披露，由于银行的资产组合风险上升了，存款人会要求更高的存款利率，增加了银行的成本。存款保险也能起同样作用，因为风险的增加会导致银行支付更高额的存款保险费。科尔代拉提出信息披露和存款保险都能减轻竞争对风险的不良效应。

三、金融传染理论下的银行竞争与稳定关系

当总的流动性需求的稳定性遭到破坏时，即流动性需求超过整个银行系统所能提供的流动性能力，银行间的紧密联系会引发金融传染，一个银行或地区的流动性冲击可以通过金融传染扩散到其他银行或地区。金融传染的影响程度视市场结构不同而有所不同。

当市场是完备的，某一地区银行的危机对于其他地区银行的外溢影响比较小，且随着市场参与者人数的增加，即经济范围的扩大，该影响会逐渐变得忽略不计，也就是说，金融市场足够大且是完备的，整个银行系统对于金融传染表现出稳健性。

市场是不完全的，某一地区银行的挤兑风波会外溢到其他地区，即传染到其他银行，而且随着市场的扩大，这种外溢影响也会逐渐放大，使得金融传染的范围扩大，持续时间延长，也就是说，不完全的金融市场会表现出脆弱性，容易产生金融传染。

银行数量的增多能降低金融传染的风险，但银行之间必须保持竞争关系且相互联系。拥有少数银行的集中银行体系更有利于加强银行之间的联系，且集中的市场结构下并不意味着消除银行竞争。

四、经验证据

在竞争性市场中，银行是否具有更大风险？对 1990 年美国控股银行进行研究后，基利提出一个假定：20 世纪 80 年代美国银行破产，部分是由加剧的竞争减少垄断租金，因而降低银行的执照价值引起的。执照价值的降低刺激了银行从事风险性活动。为证明这个假定，基利指出，执照价值与银行的资本正相关，与银行风险负相关。德姆塞茨、赛登伯格和斯特拉恩（Demsetz, Saidenberg and Strahan，1996）在基利的基础上，也提出更高的执照价值与更高的资本持有率及更低水平的风险并存。当萨拉斯和沙利娜（Salas and Saurina，2003）应用相近理论分析西班牙银行业时，也提出了更高的执照价值与更低水平的信贷风险共存的证据。

德尼科洛（De Nicolo，2000）研究了执照价值与银行规模之间的关系。在大银行更有可能行使市场势力的范围内，执照价值与银行规模应是正相关。然而，德尼科洛发现的证据显示，规模的递增引起更低的执照价值与更高的无力清偿风险。因此，更高的执照价值促使银行行为谨慎，并带来更低水平的无力清偿风险，但并不是非要通过扩大银行规模和存在市场势力才能实现。

贝克、戴莫古克·康特和莱文（Beck, Demirguc-Kunt and Levine，2003）利用 79 个国家 1980～1997 年间的数据进行实证分析。他们指出，在下列银行业体系中更不容易发生银行危机：银行业集中体系中；对进入和银行活动范围几乎没有管制且竞争激烈的银行体系；法律制度较为健全的体系。即说明，集中和竞争都能增进银行业稳定。学者试图通过检验集中是否能代表更好的多样化经营或更容易为监管者监管，使理论趋于一致，但没有最终的定论。

国内较多的文献对银行业稳定性进行研究，但对竞争与稳定性关系的研究较少。凌亢、赵旭（2001）认为，我国金融改革实践证明银行业体系稳定是以牺牲银行业效率为代价的。该文在分析戈顿—温顿（Gorton & Winton）理论模型的基础上，探讨我国银行业体系效率与稳定的关系，转型国家银行体系效率与稳定是矛盾的，要两者兼顾似乎非常困难。银行效率提高增加的银行福利远大于不稳定带来的银行福利损失。罗建（2003）借鉴国外的德米古克—孔特和德特拉贾切模型，对我国银行体系不稳定性和实体经济关系进行实证分析。周丽莉（2003）提出，在不完全市场，由于风险的转移，信息不对称以及外部性的存在，如何使得竞争能在提高经济效率的同时带来的脆弱性最小，成为政策制定当局应考虑的重点。尚文程、刘勇和张蓓（2012）采用中国 14 家上市银行 2006～2010 年的相关数据，研究了银行业竞争与风险的关系。他们发现市场竞争程度与银行系统风险显著相关。具有较大或较小市场力量（Lerner 指数很大或很小）的银行，其不良贷款率代表的风险系数很小，而市场力量居于中位（Lerner 指数位于 0.4 附近）的银行，承担的风险最大。杨天宇和钟宇平（2013）基于 1995～2010 年 125 家银行的数据，以勒纳指数衡量银行竞争度，研究了中国银行业集中度、竞争度与银行风险的关系。他们发现，银行业集中度和竞争度均与银行风险呈正向联系，该结论在一定程度上同时支持了"竞争—银行稳定性"和"竞争—银行脆弱性"观点。

五、银行竞争、效率与稳定关系小结

传统的观点认为，银行竞争提高了效率（同时促进经济增长），但市场势力对银行业稳定是必须的。但根据最新研究进展，这种观点明显是过于简单，因为银行业稳定最终要通过提高效率得到保障，没有效率的银行业的稳定不能长久，而且竞争能促进商业银行公开经营状况，使人们能了解哪些银行经营效率低下，盈利能力差，从而在一定程度上降低脆弱性，同时，竞争还能帮助政府管理者识别哪些银行内部控制结构处于无效率状态，以及即使在竞争的环境下，通过银行监管和信息披露也能保证银行业的稳定性。

究竟是完全竞争还是存在市场势力的市场结构能最促进最优的配置效率，目前的理论研究尚未得到一致的结论，表现如下：

1. 根据传统的产业组织理论，完全竞争银行在最低的价格提供数量最多的信贷数量，市场势力（定价位于边际成本之上并获得超额利润的能力）导致供给数量的减少和更高的价格。

2. 存在信息不对称时，市场势力的存在激励银行从事关系型贷款，使那些没有信贷历史和拥有少量抵押品的新企业较易得到贷款。

3. 通过把信贷资金贷给高质量的项目，甄选能提高配置效率。甄选的动机随着银行数量增加而递减。

大多数经验文献将研究重点放在集中度（代表市场势力）与利润率关系上。有些文献证明了高集中度引致更高的利润率。然而，通过发展良好的金融体系、降低进入壁垒及放宽银行经营活动的限制等竞争政策，市场势力所造成的负面影响可以减轻（或消除）。

很少文献对关系贷款与甄选理论进行实证研究。有证据证明信息不透明的借款人在存在市场势力的银行市场受益，然而，存在市场势力的银行市场是否能提高所有企业的配置效率，因而提高整体的经济增长，仍然没有得到证据支持。

一般来说，竞争环境对配置效率的提高能起促进作用，虽然银行市场集中度可能并不是衡量竞争环境的一个最好指标。同时，存在一定程度市场势力的银行业能使一些企业提高贷款可获得性，而且提供甄选贷款的激励提高资金的配置效率。

根据传统产业组织理论框架，完全竞争使生产效率最大化。但是，在存在规模报酬的银行部门，数量少、规模大的银行能够改进效率。经验证据表明现存的银行业存在生产无效率现象，但这种无效率是由于缺乏竞争还是没有实现规模经济，仍然存在争议。有些关于配置效率的文献提出，一个市场可以出现竞争与集中同时并存。如果这是事实，则同时能从竞争和规模经济获益就成为可能。

市场势力对银行业稳定是必需的吗？执照价值理论提出，由于提高了银行破产的机会成本，高执照价值降低了银行从事风险的动机。传统理论认为市场势力带来更高的执照价值，但其实任何提高银行破产机会成本的因素与该理论都是相符的。同样，在不考虑市场竞争结构的条件下，资本充足率的管制对减少银行冒险行为有可能也是有效的。

拥有市场势力的银行业有更强的动机激励银行甄选贷款，提高了银行贷款组合的质量。但是，银行组合风险信息披露的政策及基于风险之上的存款保险制度，即使在竞争的环境下，也更能更多激励银行进行甄选活动。

因此，市场势力促使银行行为谨慎，资本充足率、信息披露制度及基于风险的存款保险制度等管制政策，即使在竞争市场条件下，也提供使银行行为谨慎的激励。该结论与最近的研究相一致，银行危机较少发生在更为竞争或更为集中的银行体系中。

什么样的市场竞争结构可以同时达到最优效率与稳定，文献中没有给出一致意见。竞争是效率的重要因素，但市场势力存在也会带来好处。市场势力提供对银行谨慎行为的激励，但管制能保证银行即使在竞争市场条件下，采取谨慎行为。完全竞争市场在银行业比在其他产业更不可能实现。下述标准的产业组织理论假设与事实明显不符：企业占市场份额极小，同质的产品，信息完全及自由进入与退出（不存在沉没成本）。因此，要完全消除银行业市场势力是不现实的。总之，不是消除市场势力，但是要创造促进竞争行为的环境。这样，市场势力带来的潜在负面影响才会减缓，而又充分利用残存的市场势力带来的益处。

银行竞争、效率与稳定的关系对银行业产业组织研究的基础，对一国银行业的发展也是至关重要的，并对银行业政策实施提供依据。本书将从竞争、效率与稳定的关系的理论基础上，对我国银行业竞争、效率促进与市场稳定进行实证分析，对我国银行业竞争政策的制定和实施提供建议。

第三章
我国银行业竞争态势分析

第一节　影响银行业竞争的因素分析

存在银行竞争行为的银行业市场是怎样的？传统产业组织理论所定义的众多小银行并不是竞争产业最具代表性的特征，这个观点在前面已得到多次引述。本节将讨论评价银行竞争行为的不同途径，及影响银行竞争行为的银行业的特征。

一、市场集中度与银行业竞争

拥有更多数量企业的市场往往与更激烈的市场竞争联系在一起，企业数量少的市场就说明市场缺乏竞争。这个观点基于传统的产业组织理论，即结构—行为—绩效理论（SCP），假设市场结构（如集中度等）决定企业的行为，企业行为决定绩效及市场势力的强度。即，更多数量企业会导致价格竞争，使单个企业的市场势力程度最小化。

由于价格行为不易观察，因此，以往的研究重点往往放在市场结构与市场势力的关系上。市场结构代表性变量包括市场集中度与厂商的数量。市场势力可以利用会计报表中的利润与成本数据衡量。虽然传统研究是利用不同行业的数据，也有大量文献利用某个特定行业不同时期的数据衡量市场势力的大小。理论上，集中度与利润率成正相关。

利用 SCP 理论框架有很多缺陷。会计利润可能并不能准确反映企业的经济利润与市场势力的真实水平。同时，为测算结构变量如集中度，必须定义相关产品及地域市场。所有替代产品都必须包括在产品市场定义当中。这是非常困难的，尤其对银行业来说，它所提供的异质与替代产品，有许多是由非银行业企业提供的。定义相关的地域市场（不管是地方还是全国范围）也同样存在困难。

另一种认为集中度与利润率存在正的统计关系的理论是效率结构假说。在效率结构假说下，具有更高生产效率的企业成本更低，有着较高的技术和管理水平，因而获得更高的利润率。这些企业绩效好，自然获得更高的市场份额，导致市场集中。因此，市场集中也有可能是银行间效率上的差异产生的结果，而并不必然是市场势力增长所致。

大多数早期文献是利用美国银行业的数据考察银行利润率与市场集中度之间的关系。早期的文献结论与预期的一致。但利用最近的数据所作的研究（例如，Berger and Hannan，1998）结果就较复杂。伯杰（1995）试图用 X - 效率方法将 SCP 和 ES 理论区分开来，但最终没有结果。首先，市场集中度与利润率负相关，这与两种理论都相矛盾。然而，高的市场份额与高利润率相关，为市场势力理论提供支持。其次，效率与利润率正相关，但效率与市场集中度之间无相关关系。这限制了为 ES 假说提供证据支持。

反映市场集中与利润率关系的经验研究结果没有定论而且不能让人信服。谢弗（Shaffer，2002）通过将 SCP 理论框架与信息不对称理论联合起来，尤其是利用银行对企业进行甄别风险的效应，为市场集中与利润率的模糊关系研究提供了理论上的解释。根据 SCP 理论，当市场上的银行数量增加时，将会使市场势力变弱，贷款利率因而降低。然而，甄别理论认为，随着银行数量增加，银行对企业甄别的动机降低了，从而增大了银行风险。银行为对付增加的风险而征收更高的利率。因此，随着银行数量的增加，对贷款利率变动方向将会有两种相互冲突的力量。利率变动方向依赖于市场势力与信息不对称各自的影响力大小。

综上所述，市场集中度指标并不能完全反映银行在市场中的竞争程度。国内文献对银行业竞争的研究大多建立在上述传统的产业组织理论基础之上，利用市场集中度衡量银行业竞争态势，以于良春（1999）、焦瑾璞（2001）、王国红（2002）等人为代表。他们从银行业市场集中度入手，分别用资产、存款、贷款和利润值计算 CR_n 和赫芬达尔指数，衡量银行业的集中度。通过资产份额分析、存款份额分析、贷款市场份额分析和利润份额分析，把我国银行业的市场格局判断为介于寡头垄断与垄断竞争之间。刘伟、黄桂田（2002）对利用 SCP 框架分析银行竞争的方法提出批评，认为以传统产业组织理论分析银行业往往会出现偏差[①]。因为现代银行是产品多样化的服务机构，很难判断每一银行的利润率是否是由集中率影响所致。因此，集中度不能单独作为反映银行竞争行为的指标。

关于中国银行业的市场结构，有两种观点：一种认为应是垄断竞争型结构；另一种则认为是寡头垄断型结构。产生这种分歧，是由对银行业的性质及其规模经济性的认识差异造成的。如果把银行业作为一个竞争性产业看待，并认为银行的规模经济是有限度的，那就认为银行业的市场结构应是垄断竞争型（主要突出竞争性，垄断只不过表明它是由市场不完全、信息不完全及银行服务的差异性导致的不完全竞争现象）；如果把银行业作为一个特殊产业，特别是关系一国经济金融命脉的产业，认为银行业具有显著的规模经济性，并且由于信息技术的发展和计算机的普通应用，银行业的交易费用不断降低，银行的最优规模不断扩大，则他们认为银行业的市场结构应是寡头垄断，由几家特大型银行主宰市场。我们认为市场结构不能完全反映银行业竞争态势[②]，还应从研究商业银行的行为来探讨银行业的竞争程度。

---

① 因为，一方面，利率作为市场价格受诸多因素的制约，寡头企业并不能随意操纵；另一方面，垄断银行通过控制市场供给，人为减少贷款的方式并不能抬高价格，反而会使资金存放成本（存款利息）显著上升，因此，现实生活中总是潜在着超贷的动力。

② 根据可竞争市场理论，即使在垄断市场结构条件下，只要企业可以自由进入和退出，及不存在沉没成本，则垄断企业之间也存在竞争。

二、银行行为与银行业竞争

银行竞争即使在集中度很高的市场也能出现，而存在很多数量企业的市场也可以出现勾结[①]。银行业市场的特征，如进入和退出壁垒等，在不考虑银行数量情况下，也能影响银行的竞争行为。

布雷斯纳汉和刘（Bresnahan and Lau）和 Panzar and Rosse（PR）提出两种广泛使用的途径衡量市场上银行竞争行为的程度。每种方法都是在不需利用市场结构的信息基础上，通过估算银行提供服务的实际价格与竞争价格的差距来衡量银行竞争行为。

在 BL 模型中，利润最大化的企业在边际成本等于边际收益时，确定它所提供产品的价格和数量。在完全竞争市场下，边际收益与需求价格相等。但是，在垄断条件下，边际收益与产品价格不相等。统计指标 λ 测算价格与边际成本的偏离。当 $\lambda = 0$ 时，企业是竞争性的行为。当 $\lambda = 1$，企业按边际收益曲线定价，说明是完全垄断下的行为。当 λ 介于 0 和 1 之间时，反映不完全竞争程度下的企业行为。但在我国，利率是固定的或在允许的一定范围内浮动，银行不能自由定价，所以这种方法不适合应用在分析我国银行竞争行为上。

PR 模型考察某个特定银行投入品价格变动与所获收益的关系。Panzar 和 Rosser 提出，在垄断条件下，假设企业是追求利润最大化的，投入品价格上涨将会提高边际成本，减少均衡产出，并减少总收益。在完全竞争条件下，投入品价格上涨将会使边际成本与边际收益提高相同幅度。H 统计值用来测算投入品价格变动的收益弹性值。H = 1 时，说明市场是完全竞争市场，H = 0 说明是完全垄断市场，当介于两者之间时，说明是垄断竞争市场。因此，H 值用来衡量市场竞争程度。当 H 值小于零时，说明是完全垄断市场。PR 模型利用企业的数据，假设市场处于均衡状态。见表 3.1。

[①]　参见 Baumol，Panzar and Willing（1982）在 Contestable Markets and The Theory of Industry Structure 一文中所作的综述。

表 3.1   对 H 指数值的解释

均衡条件：
    $H_1 = 0$，均衡
    $H_1 < 0$，非均衡

竞争条件：
    $H_2 \leqslant$，完全垄断或短期的寡头垄断
    $H_2 = 1$，完全竞争或完全竞争市场条件下的自然垄断
    $0 < H_2 < 1$，垄断竞争

资料来源：Panzar、Rosse, Structure, Conduct and Comparative Statistics, Bell Laboratories Economic discussion paper（1982）No. 248.

三、关于银行竞争程度实证分析的评述

内森和尼夫（Nathan and Neave，1989）利用 PR 模型实证分析了加拿大 1982~1984 年间银行业、信托业与租赁业竞争程度。对银行业在这期间完全垄断假说被否证，银行行为接近于垄断竞争状态，但不能排除 1982 年处于完全竞争状态。

谢弗利用 BL 模型和 1965~1989 年间的数据检验加拿大在这期间的银行市场竞争程度。结果显示银行在此期间是完全竞争的行为。银行业在 1980 年对银行法修改之后，竞争程度加剧了，证据的有效性是微弱的，但是在统计上是显著的。

比克和哈夫（Bikker and Haff，2002）通过 PR 模型检验了 23 个国家银行业竞争程度。所有国家，包括加拿大，结论都是银行业处在垄断竞争市场，这是关于银行业竞争性文献的典型结论。根据衡量的指标，新西兰的银行业集中程度最高但竞争程度也列各国之首。见表 3.2。

表 3.2   选取国家的 H 统计值（1997 年）

国家	H 统计值	银行数量	最大三家银行的市场份额
奥地利	0.57	31	0.57
加拿大	0.62	44	0.54
新西兰	0.95	45	0.78

国家	H 统计值	银行数量	最大三家银行的市场份额
英国	0.64	186	0.34
美国	0.56	717	0.15

资料来源：比克和哈夫（2002）。

比克和哈夫试图找出银行业竞争程度（以 H 统计值衡量）与市场结构（集中度为指标）的相关关系。虽然他们发现竞争程度与市场集中度负相关，但是在统计上并不显著。

克莱森斯和莱文（Claessens and Laeven，2003）在上述研究基础上，试图找出一国银行业竞争程度与金融体系结构及管制的相关关系。他们利用面板数据计算 50 个国家 H 统计值，他们的结论与比克和哈夫的一致，每个国家的银行都呈现不同程度的不完全竞争状态；结果显示，一些国家银行数量很多，但竞争水平却不高。见表 3.3。

表 3.3　　　　　　　　　　选取国家的 H 统计值

国家	H 统计指	银行数量
奥地利	0.94	26
加拿大	0.83	49
新西兰	0.94	44
英国	0.78	106
美国	0.47	1135

资料来源：克莱森斯和莱文（2003）。

克莱森斯和莱文（2003）试图找出影响不同国家银行业竞争性的因素。他们利用一国的多种统计数据，如外国银行进入、银行活动的限制（从事证券市场，保险和房地产投资等）、进入壁垒、市场结构、来自非银行部门的竞争指标、反映总体宏观环境的指标和一国整体经济发展程度等解释变量，对 H 统计值进行回归。正如所预期那样，克莱森斯和莱文的研究显示，银行业竞争程度与外国银行进入数、宽松的进入限制和更少经营活动限制成正比。

黄隽（2007）同时使用 PR 模型和 CRn 指标对中国银行业市场竞争进行了研究。结果指出，第一，1996~2005 年间，银行业整体上呈垄断竞争态势。

但就各年的测算结果而言，市场竞争强度略有波动，部分年度甚至表现出明显的完全竞争市场特征。第二，集中与竞争共存。第三，根据对中国台湾和韩国银行业数据的分析，市场竞争与银行数量并无必然联系。张旭涛和胡莹（2010）得到了与殷孟波等（2009）颇为不同的结果。他们估计了银行业1996~2007年的H统计量，发现1996~1999年H指数介于0~1之间，说明银行业市场结构处于与张旭涛和胡莹（2010）、殷孟波等（2009）颇为不同的结果。他们估计了银行业1996~2007年的H统计量，发现1996~1999年H指数介于0~1之间，说明银行业市场结构处于垄断竞争状态；2000~2005年间，H统计量出现负值，表明银行业倾向于完全垄断的市场；2005年之后，H统计量开始回升，再次处于0~1之间，但更接近于0，意味着银行业虽具有垄断竞争特征，但其程度并不高。

四、影响竞争程度的银行业特征

研究集中度与银行竞争关系的文献说明银行竞争行为并不必然与市场银行的数量和集中度有关联。其他因素对银行竞争行为也有影响。自由进入的重要性一直被视为银行业竞争的关键因素。即使在只有少数几家银行的市场，只要存在着潜在的进入威胁，就能激励银行做出竞争行为。因为银行会面临其他金融机构与市场的竞争，对银行活动范围管制的减少也能促进银行间的竞争，因此，发展健全的金融体系对促进银行竞争也同样是重要的。

（一）信息不对称与银行业竞争程度

关系贷款对解决借款方与贷款方之间的信息不对称问题起的重要作用在上一章有所论述。虽然关系贷款使信用状况不公开的借款人受益，但它却形成了进入壁垒：新进入银行将很难与在位银行建立关系的借款人吸引过来。原因是客户要更换银行时，会发生转换成本。信用状况透明且经营良好的客户要花费一定时间将自己的信誉度信号传递给其他贷款方，因此，宁愿与已经建立贷款关系的银行交易。"锁定"效应赋予银行一定程度的市场势力，造成进入壁垒，导致更高水平的市场集中。

戴尔阿里歇（Dell'Ariccia，2001）建造了一个理论模型研究信息不对称如何影响银行竞争行为与市场结构，论证了在信息不对称条件下即使集中的市场也存在激烈竞争。信息优势保证银行与客户进一步交易。银行拥有越多的信息优势，它对其他银行就越有竞争优势；银行所占市场份额越大，它的竞争优势也越大。这也是在位银行对新进入银行的竞争优势，即形成进入壁垒（即使进入的固定成本为零），就导致集中的银行业市场。这也导致即使银行数量不多的条件下，贷款利率也有下降的压力。在位者银行的竞争行为不是表现为阻挠新进入者，而是力图获得（或保持）市场份额。

当信息不对称问题不严重时（如借款人能有效传递信用状况），贷款利率就受两种相互冲突趋势的影响。当信息不对称问题不严重时，关系贷款以及市场份额对银行的价值就降低了，降低了银行竞争的积极性，利率有上升的趋势，但这种情形却使新进入者更容易进入市场与在位银行进行竞争，这又促使利率下降。最终的结果将决定于何者能占上风。

综上所述，银行市场结构的差异是由信息不对称程度的不同决定的。即在以信用状况不公开的借款人为特征的借贷市场，由于信息不对称，则市场结构为集中的，只有少数的贷款者；当以信用状况透明的借款人为主体的市场，将会有大量的贷款者，两种市场都存在贷款利率的竞争。

（二）分支网络与银行业竞争程度

传统的完全竞争模型假定企业都提供相同的产品。但事实上，银行因声誉、产品组合、分支网络扩展与地理位置不同而实行差异化经营。在大多数国家，建立分支机构是银行差异化经营的重要途径。

银行可以通过价格竞争（如降低贷款利率）或在靠近客户地方建分支机构，利用客户偏好近邻服务，可获得竞争优势。分支机构被视为获得市场势力的途径，因为分支机构获得客户对地理位置偏好付的成本，减轻（或避免）价格竞争。分支机构也被视作进入壁垒，因为它们要花费巨大的固定成本。另外一个对客户不利的潜在结果是通过扩建分支机构的竞争会导致出现多于最优状态下的银行分支机构的数量（以完全竞争均衡状态决定的数量为参照）。由于扩建分支机构就要增加固定成本，增加的银行成本转嫁到客户身上。但是也有其他研究论证分支机构的建立将如何使客户受益。

根据传统产业组织理论，要使银行业充分竞争，就必须有许多小银行的存在，结果是形成单一银行体系，即以没有分支机构的独立的小银行作为银行体系的主体。而在另一篇论文中，艾伦和盖尔（Allen and Gale，2000）提出，在具有转换成本的条件下，拥有分支网络的少数的大银行组成的银行体系的市场竞争比由众多的单一银行组成的银行体系的竞争更为激烈，拥有分支机构的银行更少有动机去掠夺客户的利益，因为它们力图争取与现有客户在其他产品或其他方面以后的交易。

分支机构的建立可以提高竞争程度的另一原因是它扩大了市场的有效规模。卡朗和中村（Calem and Nakamura，1998）提出，通过增加市场的有效规模，分支机构可以削减边远地区的市场势力。分支机构导致边远地区的价格与城市的更趋一致。根据卡朗和中村，"分支银行把城市的银行竞争扩展到郊区。因此，分支银行能扩展银行业市场的有效规模。"

为证明他们的理论，卡朗和中村发现美国对建立分行的限制导致更高的利息差幅。迪克（Dick，2003）考察了美国在1994年颁布的旨在取消跨州建立分支机构限制的赖格—尼尔（Riegle-neal）法令所产生的影响。他们的结论是取消分支机构的限制后，既带来了更高的银行业集中也增大了银行在贷款利率上的竞争。这些经验研究与分支机构在集中的市场能带来竞争效应的理论预期是一致的。

迪克（2003）通过经验研究论证了取消建立分支机构的限制，将提高银行市场分布的密度，并使服务成本上升。他把后者归于对客户提供更多的地域选择，而提高服务质量。这些经验研究的结果则与分支机构能提高对客户服务的成本的论断是相一致的。

虽然建立分支机构是银行维持市场势力的途径，但它增加服务渠道，减缓在边远地区市场的银行垄断。问题是，多少数量的分支机构是最优的。分支机构过多，导致进入壁垒，由此产生的固定成本将转嫁给客户；银行分支机构数量太少，会消除市场不断膨胀带来的银行间竞争。如果银行竞争朝价格竞争的趋势发展，银行分支机构的数量将会减少。因此，在价格竞争与通过建立分支机构竞争之间有一个平衡点。

第二节 我国商业银行竞争态势分析

1979 年以前，中国人民银行是国内唯一的银行，既承担中央银行职能，又处理专业银行业务。到了 20 世纪 80 年代中期，中国人民银行开始只承担中央银行职能，工、农、中、建四大专业银行相继独立出来，打破了银行业一家经营的局面。但开始时，四大银行存在经营的业务上有严格的分工，每家银行在自己的业务市场占绝大多数份额，如 1985 年农行提供 95% 以上的农业贷款。1985 年以后，随着经济体制改革的深入，银行业市场结构受到下述两股因素的影响而发生了重大改变，一定程度上降低了市场垄断程度：（1）四大国有银行开始转变为商业银行，进入各自业务范围的限制逐渐被消除；（2）打破银行进入壁垒，相继出现一些新商业银行和非银行金融机构，银行业竞争程度得以提升。虽然，其他商业银行和信用社的数量自 20 世纪 80 年代中期以来得到了较快增长，四大银行的市场份额大幅下降，但是银行业扭转因计划经济造成的长期垄断并没有消除，20 世纪 90 年代中期，四大银行市场份额的市场独垄断地位得到了巩固，下降的趋势受到遏制，我国商业银行业逐步形成为一个较稳定的寡头垄断市场。

衡量竞争态势的途径可分为两种类型：一种是市场结构型的；另一种则是非市场结构型的。在结构型的度量方法中，集中度比率对描述市场结构起核心作用，集中度与竞争程度相关。而非市场结构途径不通过集中度衡量。

一、对银行业集中度指数的测定

CR_n 指数是指用来测度某产业中前 n 家规模最大企业的有关指标占行业比重，这一指标数值与行业垄断程度正相关，它综合反映了该产业中企业数目和规模分布这两方面，它们是决定市场结构的重要因素。测定 CR_n 所选用的 n 值可以不同，本部分主要用 CR_4 和 CR_{10} 指数测定中国银行业前 4 家和前 10 家最大的商业银行在相应指标中所占的市场份额。见表 3.4。

表 3.4　　　　　中国银行市场存款业务市场集中度（CR₄）　　　　单位:%

年份	指标	资产	资本	存款	贷款	营业收入	净利润	机构数	人员数
1994	CR_4	92.42	64.58	90.14	84.56	89.52	83.64		
	CR_{10}	97.6	70.76	95.56	89.51	98.03	95.76		
1995	CR_4	92.39	75.96	89.97	82.32	89.26	73.3		
	CR_{10}	98.45	83.4	93.82	86.75	98.28	95.47		
1996	CR_4	88.92	73.41	76.79	76.28	89.86	60.93	71.05	
	CR_{10}	98.8	85.5	84.3	80.86	97.46	94.72	72.49	
1997	CR_4	88.9	64.62	74.76	72.75	88.48	42.92	70.73	60.75
	CR_{10}	98.67	77.01	80.31	77.78	98.53	90.44	72.44	63.33
1998	CR_4	89.99	79.45	78.1	76.96	88.08	37.19	71.79	69.34
	CR_{10}	98.5	86.6	85.12	82.29	98.31	87.82	73.71	73.17
1999	CR_4	88.8	78.55	77.23	75.3	88.05	59.88	72.33	70.74
	CR_{10}	98.26	87.06	84.70	80.13	98.09	91.16	74.53	74.39
2000	CR_4	72.19	73.36	76.15	72.67	85.53	54.45	69.96	64.51
	CR_{10}	81.67	77.59	84.1	79.63	97.56	89.72	71.59	67.44
2001	CR_4	83.56	72.22	67.69	68.84	84.29	67.59	64.54	64.12
	CR_{10}	96.33	76.89	83.76	84.47	96.59	94.08	67.78	67.34
2002	CR_4	78.47	59.65	82.11	82.32	95.23	54.81		
	CR_{10}	91.75	65.59	90.25	92.53	88.72	92.85		
2003	CR_4	79.65	64.16	81.04	81.56	84.56	79.76		
	CR_{10}	86.92	70.23	83.24	85.47	81.35	80.24		
2004	CR_4	79.73	62.34	79.38	79.72	84.69	89.3		
	CR_{10}	87.65	70.56	82.34	82.36	85.63	91.23		
2005	CR_4	77.28	63.04	77.3	75.12	85.23	80.31		
	CR_{10}	80.23	72.58	81.85	80.23	87.29	82.32		
2006	CR_4	76.32	58.42	76.79	73.98	86.48	79.08		
	CR_{10}	82.34	61.26	81.23	76.45	88.45	81.47		
2007	CR_4	73.49	64.27	75.61	71.63	84.78	75.92		
	CR_{10}	88.35	71.25	78.54	74.89	84.57	78.69		
2008	CR_4	72.70	59.45	75.2	70.54	87.36	75.49		
	CR_{10}	84.25	64.26	78.56	73.64	89.27	78.96		
2009	CR_4	73.21	58.24	74.62	72.45	85.64			
	CR_{10}	86.37							

续表

年份	指标	资产	资本	存款	贷款	营业收入	净利润	机构数	人员数
2010	CR$_4$	72.46	65.24	75.68		84.56			
	CR$_{10}$	84.28							
2011	CR$_4$	70.45	67.42	72.64		87.69			
	CR$_{10}$	85.65							
2012	CR$_4$	71.24	56.48						
	CR$_{10}$	84.27	64.23	72.36		88.25			
2013	CR$_4$	72.45	60.45						
	CR$_{10}$	83.59	68.32	75.37		84.23			
2014	CR$_4$	70.15	59.36						
	CR$_{10}$	84.53	56.32	71.56		84.78			

注：①营业收入与净利润的市场总额由前14家商业银行之和代替，其他指标的市场总额由国有商业银行、股份制商业银行、城市信用社和农村信用社的相关数据构成。

②计算公式：$CR_n = \sum_{i=1}^{n} X_i / \sum_{i=1}^{N} X_i$。其中，$n$、$i$、$N$代表银行的数量；$X_i$代表第$i$家银行所占的市场份额。

资料来源：根据《中国金融年鉴》（1995～2015年）及相关中国人民银行统计月报整理。

由表3.4可见，除净利润一项指标以外，资产、存款和贷款3个指标的CR$_4$平均值都在85%以上，接近90%。借鉴产业组织理论中以绝对集中度指标划分市场结构的"贝恩竞争结构分类法"对竞争结构进行分类，我国银行业的市场垄断和竞争格局是极高寡占型。

但净利润的CR$_4$值平均在55%左右，远低于四大国有商业银行资产、贷款和存款等3个指标均市场份额的占比，表明国有商业银行虽然经营业务上在市场上居垄断地位，但经营效率较低下。

比较CR$_{10}$与CR$_4$可发现，两指标在资产、资本和存贷款项目上的差别不大，基本上都在10个百分点左右，在分支机构方面的差别只有2～3个百分点，这说明市场主要的垄断力量仍然来自前4家大银行。但是，值得注意的是，CR$_{10}$与CR$_4$指数在净利润项上平均差别高达50%以上（由于营业收入与净利润两项与其他项的市场总额统计口径不同，因此，与其他项不完全可比），这一方面反映出国有商业银行因高度垄断而造成的低效率事实；另一方面也说明新兴的股份制商业银行已成为国内银行市场主要的赢利主体，发挥着越来越重要的作用。

从存款、贷款和资产的CR$_4$指数值的动态发展来看，是逐年下降的，存

款的 CR_4 值从 1999 年的 89.98%，下降到 2008 年的 75.2%；贷款的 CR_4 值从
1999 年的 90.64% 下降到年的 70.54%；资产的 CR_4 值从 1999 年的 88.08%，
下降到 2008 年的 72.7%，表明了我国银行业的市场集中度在下降，垄断在逐
步被打破，该市场整体的垄断程度在稳步降低，银行的竞争力在加强，国有
商业银行竞争对手的实力也在逐步增强。说明我国银行业的市场结构正在从
极高寡占型向高集中寡占型转变。而利润的 CR_4 值发展趋势和其他三个指标
有所不同，总利润 2003 年从 63.3% 升至 80.11%，2004 年更高达 84.32%，
净利润年高达 89.3%，随后略有下降，说明四大国有商业银行股份制改革对
其经济发展发挥了重要作用。四大国有商业银行增强市场竞争意识，发挥自
身相对优势，提高了市场竞争力。

四大国有商业银行具有较强的市场势力，中国银行业市场近年来仍然保持较
高的集中程度，因此，呈现出一定的寡头垄断型市场结构的性质。然而，这种垄
断格局也反映出位居垄断地位的银行盈利和竞争力水平与其垄断地位不相称的
事实。从集中率的动态变化来看，各主要项目的市场集中率在 1997 年以前都有
明显的下降趋势，1998 年部分项目一度重新集中，但 1999 年以来又都存在不同
程度的下降趋势，这表明该市场整体的垄断程度在稳步降低，但是存在反复。

总体来看，我国银行市场结构正在经历从高度垄断到竞争程度不断增强
的变迁过程，但是，我国四大国有银行仍然在我国银行业占据市场主导地位，
国有银行的垄断优势依然存在，在各项指标上仍具有其他所有制性质的银行
所不可比拟的优势，而且可能短期内这一局面难以打破。而且，尤其需要指
出的是，我国银行高度集中的市场结构不是通过市场自由竞争机制自发形成
的，而是政府主导下高度集中的计划经济体制的产物。

二、非市场结构的衡量方法

潘萨尔和罗塞斯（Ross and Panzar）在 1977 年和 1988 年构建了银行业完
全垄断、完全竞争和垄断竞争市场的模型，并且提出区分这些模型的检验方
法。他们发明了 H 统计值作为衡量银行竞争行为的指标。另一种方法是由潘
萨尔和罗塞斯（Panzar and Rosses，1977）首先开始采用，潘萨尔和罗塞斯

（1982，1987）作了进一步扩展，这种方法主要通过分析企业层面的数据来测度银行业的市场竞争程度，被简称为 PR 模型。PR 模型通过银行收入变化对模型中价格变化的反应来观测特定的情况。在完全竞争的市场结构中，产品价格的提高会使边际成本和总收入上升（增加水平与成本增加水平相符）；在市场垄断的情况下，控制价格使边际成本上升，使均衡产出和总收入上升的幅度小于成本上升的幅度。PR 模型法使用 H 值作为统计变量来表示银行业的竞争程度，H 的绝对值介于 0 ~ 1 之间，这个统计变量的数值越大就表示竞争程度越高（当 H 值为 1 时表示为完全竞争的情形）。PR 模型同样可以用于银行业，如果银行面对的是单一弹性的市场，并且生产函数符合科布—道格拉斯条件，那么 H 值的确定就可以说明银行业的竞争程度（从另外一个角度看，也就是确定了银行业的垄断程度）。

PR 模型法的优点在于它能够使用银行层面的数据并能够考虑到银行不同的服务差别，另外，这种方法还可以对不同类型的银行（比如大银行与小银行以及外资银行与本土银行）进行分别考虑。这种方法的缺点是与现实并不完全相符：它假定银行业在长期中是均衡的。PR 模型的计算公式如下：

$$R'_i(x_i, n, z_i) - C'_i(x_i, \omega_i, t_i) = 0$$

$$H = \sum_{k=1}^{m} \frac{\partial R_i^*}{\partial \omega_{k_i}} \frac{\omega_{k_i}}{R_i^*} \tag{3.1}$$

潘萨尔和罗塞斯提出在完全垄断条件下，产品的边际成本与生产要素价格呈正相关，导致均衡产出的减少，从而使收入下降；因此，H 值是零或负数。这是在利润最大化假设前提下得出的一般结论。该指标实际上测量了销售收入对各项要素价格的弹性值，H 指数值是对市场结构类型和竞争程度高低的一种衡量指标。

三、银行业竞争程度的实证分析

（一）模型和数据

要获得 H 指数值就需要构建方程来衡量我国银行业整体的收益。在借鉴国外普遍采用的模型结构下，本书综合考虑中国银行业实际情况、数据可获得性以及模型适用性等因素，适当调整了原模型：（1）对资产变量的回归主要是为了体现银行规模的收益，由于我国中央银行对商业银行贷款有明显的人为倾斜，由此形成的资产规模不能反映各银行自身的经营实力，因此，选用各项存款数来体现商业银行的实际规模；（2）我国商业银行的利率尚未市场化，因此，不能用利息支出来衡量贷款的费用，而营业费用是较好的一类反映投入成本的指标，因而可用来计算贷款费用率；（3）为避免回归的模型出现多重共线性，方程中包含这一项时，回归具有明显的多重共线性，因此，建立的回归方程的变量不包含银行分支机构中这一因素。本书最终采用的模型如下：

$$LnROA = a_0 + a_1LnPL + a_2LnPK + a_3LnPF$$
$$+ a_4LnSCALE + a_5LnRISK \qquad (3.2)$$
$$LnTREV = a_0 + a_1LnPL + a_2LnPK + a_3LnPF$$
$$+ a_4LnSCALE + a_5LnRISK \qquad (3.3)$$
$$H = a_1 + a_2 + a_3 \qquad (3.4)$$

其中，ROA 为净资产收益率，TREV 是总收入率；商业银行的三项重要投入由人均费用率、资本费用率和贷款费用率代表。PL 为劳动力的单位价格，由银行的工资支出与人员数的比率表示。PK 为资本的单位价格，由折旧费与固定资产的比率表示。PF 为贷款的单位价格，由营业费用与各项贷款数的比率表示。SCALE 为银行的规模，用银行的各项存款数表示；RISK 代表各家商业银行的风险性，用贷款准备金对总资产的比率来衡量。H 指数是三项主要投入价格变化对银行总收益的影响之和，如（3.4）式所示。

为了获取数据的方便，选用《中国金融年鉴》2002 年公布的中国最大的14 家商业银行作为分析的样本，并对这 14 家银行分 1994～2003 年和 2004～2014 年相关项的年度数据进行分段回归分析。

1. 1994～2003 年的回归结果。

$$LnROA = 2.4733 + 0.3865LnPL + 0.0509LnPK - 0.1827LnPF$$
$$(1.97)^{**} \quad (1.765)^{**} \qquad (0.923) \qquad (-2.369)^{**}$$

$$-0.6LnSCALE - 0.163LnRISK$$
$$(-7.773)^{***}\quad(-0.994)\qquad\qquad(3.5)$$

$R_1 = 0.766$

$H_1 = 0.3865 + 0.0509 - 0.1827 = 0.2547$

$$LnTREV = -2.373 - 0.158LnPL + 0.226LnPK - 0.092LnPF$$
$$(-4.41)^{***}\ (-1.686)^{*}\quad(1.473)^{*}\quad(-0.935)$$
$$+0.0116LnSCALE + 0.056LnRISK$$
$$(0.375)\qquad\qquad(0.582)\qquad\qquad(3.6)$$

$R_2 = 0.405$

$H_2 = -0.158 + 0.226 - 0.092 = -0.024$

2. 2004～2014 年的回归结果。

$$LnROA = -4.985 + 0.183LnPL + 0.144LnPK - 0.584LnPF$$
$$(-2.028)^{**}\ (1.253)^{*}\quad(0.501)\quad(-2.456)^{**}$$
$$-0.181LnSCALE - 0.154LnRISK$$
$$(-1.267)^{*}\quad(-0.994)\qquad\qquad(3.7)$$

$R_1 = 0.835$

$H_1 = 0.183 + 0.144 - 0.584 = -0.257$

$$LnTREV = -4.9527 + 0.054LnPL + 0.207LnPK - 0.102LnPF$$
$$(-3.707)^{***}\ (1.699)^{**}\quad(0.537)\quad(-1.002)^{*}$$
$$-0.169LnSCALE + 0.041LnRISK$$
$$(2.742)^{**}\qquad\qquad(0.582)\qquad\qquad(3.8)$$

$R_2 = 0.975$

$H_2 = 0.054 + 0.207 - 0.102 = 0.159$

注：各回归系数下方括号中的数值为 t 检验值，*** 表示显著性水平为 1%，** 显著性水平为 5%，* 表示显著性水平为 10%。

（二）回归结果分析

由上述结果我们得到用于中国商业银行市场结构均衡条件检验的第一阶

段和第二阶段 H_1 指数分别为 0.2547 和 -0.257，用于竞争条件检验的 H_2 指数分别为 -0.024 和 0.159。经 Wald 检验，我们在 5% 的显著性水平下都接受了 $H_1 = 0$ 的假设，同时拒绝了 $H_2 = 1$ 的假设。

据上述回归结果并结合表 3.1 中的内容，可以得出以下结论：中国商业银行市场满足均衡条件，1994～1997 年间，H_2 为负值，通过表 3.3 可得知，银行业市场呈寡头垄断的市场结构，1998～2002 年间，$H_2 = 0.159$ 刚刚进入垄断竞争的区域内，但其竞争程度仍然较为有限（H 值靠近 0，距 1 较远）。因此，1998～2002 年间与 1994～1997 年间银行业竞争程度有所差别，但是没有本质性的差异。

表 3.2 和 3.3 给出了用相似模型得到的美国和部分欧洲国家银行业 1997 年和 2003 年的 H 指数值。通过国际横向比较可发现，以美国为代表的五个发达国家银行业的竞争程度都普遍高于中国银行业。这说明，中国商业银行业市场结构的高度垄断正在逐步松动，并已初步具有垄断竞争型市场结构的性质，但其市场的竞争程度仍不高。

通过比较 1993 年以来历年的 H 指数值，可以发现中国银行业的竞争程度并没有表现出逐步提高的特征，而是呈现为周期性波动的趋势，这点与黄隽和汤珂（2008）所得到的结论一致。H 指数值的变化与当时的宏观经济体制密切相关，以 1994 年为例，该年的 H 指数值是目前的最大值，这与当时的银行体制改革息息相关。国家在 1993 年成立了 3 家政策性银行、1 家股份制商业银行和首家城市商业银行，增加了竞争主体的数量；同时在 1994 年制定了《中华人民共和国人民银行法》和《中华人民共和国商业银行法》，以法律的形式明确商业银行的职责，促使 4 大国有商业银行越来越追求自身利润最大化。上述政策的实施，极大地提高了银行业的竞争程度。

回顾 1994 年以来银行改革的二十多年历程，可以发现我国银行业的一个基本事实是：国有银行的垄断（或寡头地位），无论在全国还是在市场发育程度较高的地区不仅没有削弱，甚至有强化倾向。这不是一个"好"与"坏"的问题，而是一个客观现象。从全国看，截至 2014 年一季度，国有银行总资产、总负债和税前利润占全部金融机构的比重分别为 55.1%，54.9% 和 61%；而股份制商业银行与城市商业银行合计分别占 19.3%，19.3% 和 25.8%。从经济较发达、市场化程度均较高但产业结构并不相同的江苏省和广东省情况看，2003 年，广东省国有银行总资产占 63.6%，其他商业银行分享不到 20% 的份额；而江苏省国有银行市场份额占比大约为 2/3，其他金融机构占比 1/3。

四、用银行间的资产收益率的离散系数衡量竞争程度

（一）资产收益率的离散系数测量

在传统经济理论假设条件下，竞争使各企业资产收益率趋于一致，当银行间的资产收益率越接近，说明银行间的竞争越激烈，反之，则竞争越不激烈。我们通过计算资产收益率的离散系数来说明资产收益率在银行间的变动情况。

标志变动度指标（包括全距、四分位差、平均差和标准差）都是绝对指标，有与平均指标相同的计量单位。各种标志变动度的数值大小，不仅受离散程度的影响，而且还受数列水平（即标志本身的水平）高低的影响。因此，在对比分析中，不宜直接用上述各种标志变异指标来比较不同水平数列之间的标志离散程度，必须用反映标志变异的相对指标来比较，即用离散系数比较。计算的数据及结果见表 3.5 和表 3.6。

$$V_\sigma = \frac{\sigma}{\bar{X}} \times 100\% \qquad (3.9)$$

表 3.5　　　　　国有商业银行年度资产收益率的平均值、
标准差和标准系数（1994～2014 年）

年份	资产收益率的标准差	资产收益率的均值	资产收益率的离散系数
1994	0.115	0.125	0.923
1995	0.069	0.155	0.442
1996	0.076	0.141	0.541
1997	0.067	0.076	0.882
1998	0.456	0.943	0.484

续表

年份	资产收益率的标准差	资产收益率的均值	资产收益率的离散系数
1999	0.313	0.639	0.49
2000	0.218	0.42	0.518
2001	0.195	0.383	0.511
2002	0.14	0.302	0.465
2003	0.254	0.145	0.325
2004	0.352	0.324	0.563
2005	0.248	0.421	0.625
2006	0.356	0.425	0.368
2007	0.258	0.521	0.456
2008	0.151	0.247	0.615
2009	0.256	0.287	0.456
2010	0.124	0.654	0.369
2011	0.184	0.248	0.478
2012	0.235	0.356	0.254
2013	0.265	0.384	0.268
2014	0.237	0.369	0.361

资料来源：根据《中国金融年鉴》（1995~2014年）计算。

表3.6　非国有商业银行年度资产收益率的平均值、标准差和标准系数

年份	资产收益率的标准差	资产收益率的均值	资产收益率的离散系数
1998	0.456	0.943	0.484
1999	0.313	0.639	0.49
2000	0.218	0.42	0.518
2001	0.195	0.383	0.511
2002	0.14	0.302	0.465
2003	0.24	0.756	0.487
2004	0.356	0.464	0.369
2005	0.453	0.652	0.562
2006	0.324	0.547	0.348
2007	0.318	0.682	0.365
2008	0.307	0.425	0.379
2009	0.316	0.475	0.325
2010	0.345	0.421	0.364

年份	资产收益率的标准差	资产收益率的均值	资产收益率的离散系数
2011	0.321	0.367	0.374
2012	0.379	0.345	0.365
2013	0.336	0.384	0.342
2014	0.321	0.369	0.318

资料来源：根据《中国金融年鉴》（1995~2014 年）计算。

（二）结论分析

通过表 3.4，我们得知国有商业银行资产收益率之间的差别在 1995 年、1996 年有所减少，到了 1997 年、1998 年则有上升的趋势，到了 2014 年，国有商业银行资产收益率的差别又有明显的下降趋势。国有商业银行之间的资产收益率的差异呈先降低后提高又到降低的趋势。这种趋势与 1998~2002 年间国有商业银行之间的市场集中度变化趋势并不完全一致。

通过表 3.5 与表 3.4 的比较，可以看出，同期非国有商业银行之间的资产收益率标准系数值小于国有商业银行与非国有商业银行之间的系数值，说明非国有商业银行之间的资产收益率差别小于国有商业银行之间的差别。即非国有商业银行之间的竞争程度高于国有商业银行业之间的竞争程度。

本节利用市场集中度、PR 模型和资产收益率的离散系数三种方法衡量我国商业银行的竞争态势。市场集中度方法是通过测度市场结构反映市场竞争态势，市场集中度越高，垄断程度也越高，但如前面所述，市场集中度不能反映银行行为，市场集中度高的市场也存在激烈的竞争，因此单独运用市场集中度指标不能完全反映市场的竞争程度，需要其他方法的补充。后两种方法是在不考虑市场结构的条件下，通过反映银行的行为来衡量银行业的竞争态势。三种方法的结果都说明我国银行业竞争水平较低，我国国有银行在银行业占据垄断地位。

中国银行业的竞争程度并没有表现出逐步提高的特征，而是呈现为周期性波动的趋势，竞争程度的变化与当时的银行体制改革密不可分。在大多数年份对银行资产收益率影响最大的是存款的价格，最小的是劳动力的价格，这反映了银行业的行业特征和我国的资源禀赋状况。

1994～2003 年，绝大多数年份银行业在非利息收入上的竞争比在利息收入上的竞争要激烈，但从 2004 年起银行业在非利息收入上的竞争则要弱于在利息收入上的竞争。较之获取利息收入，在获取非利息收入时更容易细化市场，提供差异化的产品。

五、我国国有银行垄断地位形成和巩固的原因分析

从上文的分析不难看出，国有银行在我国整个银行体系中占据了极高的垄断地位。我们认为国有银行垄断地位形成和巩固的原因主要有以下方面。

（一）进入壁垒

市场进入壁垒是导致垄断结构的一个重要原因。任何一个垄断结构如果没有人为地设置市场进入壁垒，就会很快被新的进入行为打破。由于金融市场内在稳定性的客观要求，金融市场的进入壁垒往往是显性的，这无形中为市场中已有的垄断结构起到了维系作用。

1. 政策性壁垒。政策性壁垒是我国银行业主要的进入壁垒，即国家通过法规及审批管制而形成的壁垒（见表 3.7）。包括禁止其他资本进入或建立分支行，限制营业范围的扩大，限制升级分支机构，资金成本规定上下限等。之所以中国银行业政策性壁垒严重，一方面是传统计划经济体制下形成的思维定式，认为银行业关系国计民生，自由进入将导致较大的风险，因而必须由政府掌握控制；另一方面是政府通过设置政策性壁垒，垄断金融产权，控制资金流量方向，以及攫取金融剩余的需要。

2. 绝对成本壁垒。假定在位企业的平均成本一直低于新进入企业的平均成本，在一定范围内，在位企业通过把价格定位在这两种成本的中间水平，这样在位企业既可获利又可阻碍别的企业进入，这表明在位企业拥有绝对成本的优势。绝对成本优势表现在：（1）在位企业能以更低的价格购买或取得所有生产要素（包括投资资金）；（2）可察觉新企业的进入对所有要素的现有价格水平产生的影响；（3）在位企业具备更先进的生产技术。对中国银行

业而言，常见的绝对成本壁垒主要有：国有银行在技术、设备上优越于其他商业银行，成本低；进入方面的法律限制和政府政策，也使国有银行产生类似于专利的绝对成本优势。

3. 规模壁垒。 规模经济对新进入银行的阻碍体现在以下两方面：第一，大银行由于规模经济的原因比小银行在效率上更有优势，筹集大量的资金来构建大银行就给潜在进入者制造门槛。第二，在位银行可通过规模经济挤出新银行。新银行即使进入后与在位银行有一样的成本，以有效率的规模进入，会因为在客户的偏好上处于劣势，利润少于在位银行。另外，假定新银行以小规模方式进行经营，由于没有达到规模经济，成本就居于在位者银行之上。

（二）中国银行业的退出壁垒

"退出"是指某银行撤出原来的市场。"退出"包括两种情形，一是某银行被动退出，如经营成本高，在市场中竞争不过其他银行，濒临破产状态；二是主动向其他行业转移，如某银行认为其他行业能带来更多利润回报。由于银行退出银行业时受多种限制条件的制约，这种障碍称为退出壁垒。形成退出银行业壁垒的主要原因有以下方面。

1. 沉没成本。 银行投资购买或兴建用于特定用途的固定资产，当该银行退出银行业时，该银行将因无法收回投资而产生的费用损失，称为沉没成本。这方面的沉没成本，银行业要比工商企业低，因为存在银行设备的流通市场，可以转让、租用、买卖，大大降低了这方面的沉没成本，可以认为，只有在超额投资的情形下，固定成本才产生沉没成本，一般情形下的银行业在固定资产方面的沉没成本比较少。在中国，由于目前尚不存在银行的退出机制，国家也严格限制其他银行的成立，所以沉没成本较高。

除了在固定资产方面会形成沉没成本外，银行业的沉没成本更多来自金融资产的时间性因素。例如，可交易的证券在金融市场上产生沉没成本，流通性和市场有效性的程度决定其沉没成本，同时证券基本价值，利率的变动以及其他证券的价值也会影响其大小。再例如，由于信息不对称，银行贷款也会产生沉没成本。中国银行业在银行贷款方面的沉没成本是很高的。当然，在我国，银行不存在退出机制，对其他银行的成立，国家也有严格的限制，所以沉没成本较高。

2. 法律和行政政策壁垒。银行业因为对国民经济的平稳发展和社会的安定有重要的影响，因此，政府为了防止银行倒闭而产生对经济过大的冲击，对经营亏损的银行提供保护，避免银行倒闭。从短期看，这有助于一国经济的稳定；但从长期看，这种行政庇护只是激励了银行的冒险动机，对银行的稳健经营反而不利。中国银行业的退出壁垒，主要是法律和行政壁垒，致使银行缺乏退出机制，竞争和激励机制失灵，这也是中国银行业绩效低下的一大根源。我国银行业的进入和退出的政策法律壁垒都较高，并且主要是行政性壁垒。

中国银行业的市场准入条件见表3.7。

表3.7　　　　　　　　中国银行业的市场准入条件一览

项目	国有商业银行、股份制商业银行	城市商业银行
注册资本	最低为10亿元人民币	最低为1亿元人民币
高级管理人员	学历本科以上，金融从业年限8年（国有商业银行10年）	学历本科以上，金融从业年限8年
从业人员	应有60%以上从事过金融业务或大中专院校金融专业毕业生	同上
分行	设立股份制商业银行分行应由其总行拨付不少于1亿元人民币的营运资金；累计拨付总额不得超过总行资本金的60%	城市商业银行主要是在对原城市信用社清产核资的基础上组建，只设总行、支行二级机构
城区外支行	由其总行拨付不少于5000万元人民币的营运资金	在原有城市信用社基础上改造

资料来源：根据《中华人民共和国商业银行法》《金融机构高级管理人员任职资格》有关规定整理。

（三）掠夺性定价

在存款市场上，当存款人面对同一存款利率时，理性的存款人对存款银行的选择自然是坚持"存款安全第一"的原则，由于银行实际经营状况与存款人之间信息的严重不对称，信誉高的银行就是存款人通过与银行多次"存取款博弈"后，唯一能够识别银行存款安全高低的有效信息。国有银行先天的国家信誉优势，使其在存款市场的竞争中大大降低了要维系信誉所支付的成本。对国有银行的所有竞争对手而言，花费成本所维系的信誉无论如何也无法与国家信誉优势相抗衡。另外，非国有银行为了弥补自身信誉不足，就通过提高存款利率，使存款人权衡了安全性与存款收益性前提下选择非国有银行存款。这就像质量不高的产品，必须以低于质量高的产品价格才能正常出售一样。同一的市场利率对非国有银行无异于是不合理的定价规则，是一种隐性的国有银行掠夺性定价规则。

尤其是在存款利率下调、非国有银行由于流动性困难而信誉受到威胁，或是信誉受到不当损害时，使资金从国有银行的账户转到非国有银行的账户上。同一的市场存款利率，将迫使国有银行的竞争者加大存款竞争性支出，并可能导致难以为继的经营状况，使尝试进入者无法获取存款资金而打消进入市场的念头。

（四）不同市场结构状态下的银行行为分析

我国国有银行在银行体系中的垄断地位，其形成不是市场选择的结果，而是行政安排的产物，带有浓厚的行政色彩。

国有银行在严格管制时期，其行为目标完全是政府行为，银行目标实际上就是政府目标。在价格行为方面，完全垄断时期的国有银行无价格行为，其存贷利率完全由政府确定。而在现有的放松管制条件下，存款利率由政府规定，贷款利率可有一定的浮动范围，但基本上还是受到政府较为严格的控制，致使贷款利率机制缺乏弹性，市场贷款利率机制难以发挥应有的作用，使贷款资源不能优化配置。

在金融创新方面，传统体制下的国有银行的金融创新行为受到限制，而在目前状态下虽有一定的金融创新意识，但相对发达国家商业银行而言还不强烈，特别是央行限制商业银行存款品种的创新，导致各银行存款品种单一，银行为了得到更多的存款而采取"贷款转存款""以贷引存"等不正当手段，增加了银行经营成本，无形中使银行效率受到一定的损失。在分支机构设置方面，严格管制下各银行按行政区划和行政区划级别设立分支机构，而在放松金融管制的条件下，由于存款利率受到国家的限制，这样使存款利率竞争机制就失去了作用，非价格竞争机制取而代之，导致银行受到扩张分支机构的激励。而在此过程中，国有银行凭借其强大的分支机构网点优势明显，使得新兴商业银行处于劣势，这样导致在吸收存款方面新兴商业银行的效率明显不足，在某种程度上削弱了其竞争力。银行业的产品主要是经验性商品，客户搜寻该产品信息和服务质量的效率相当低，而银行业的竞争又体现为服务质量的竞争，此时竞争主要体现为银行形象的竞争。

第三节　银行竞争目标与竞争效率

一、银行业市场结构与竞争效率

市场结构理论在经济学中占有重要地位，它说明了市场结构与竞争程度及效率之间的显著关系。不同的市场结构，竞争的强弱程度不同，效率也不同。为研究银行业市场结构与竞争效率之间的关系，我们先假定银行业也存在四种不同的市场结构。

在完全垄断的银行业市场中，银行具有向下倾斜的需求曲线，当银行提供资金的市场利率高于组织资金的边际成本，垄断银行均衡的资金供应量对应的平均成本高于平均成本的最低点时，表明社会可通过银行组织更多资金供给获取福利增加，但是，垄断银行为维护垄断利润，并没有有效利用现有技术来增加资金供给和降低资金成本，这阻碍了金融资源的最佳配置。因而一般认为垄断性市场结构大大浪费了资源，是资源的配置效率中最低的一种。在完全垄断性的银行业市场中，由于只存在一家占绝对垄断地位的大银行，因而银行业中几乎不存在外部竞争约束，资源利用效率低下、服务水平差、社会存在大量资金短缺。苏联、东欧国家及一些发展中国家的一级银行体制就是垄断银行业的典型代表。我国改革前的银行业也属这种体制，这种体制的必然结果是缺乏竞争，效率低下。

在完全竞争的银行业市场中，银行的需求曲线为一条水平线，银行在边际成本等于平均成本及市场利率这一点上达到长期均衡。此时，银行的长期利润为零，资源配置达到最佳状态，经济效率最高。之所以在完全竞争市场中长期均衡点是效率最佳状态，其原因在于：一是边际成本等于市场利率，表明银行提供最后一单位资金耗费的价值恰好等于单位资金的社会价值，说明银行提供的资金量达到最优，银行行为符合利润最大化原则；二是平均成本等于市场利率，意味着银行提供的资金量正好处于平均成本的最低点，是银行最充分地利用现有资源、技术的最佳资金供应量。完全竞争的银行市场无疑是竞争效率最佳的市场，但这种市场只是一种理想的市场结构，在现实经济生活中，几乎不可能存在这种银行业市场结构，但是，用它作为说明银行业市场结构与竞争效率内在关系的理想模式还是有其意义的。

随着原来一级银行体制国家的银行体系的改革，世界上大多数国家的银行业市场结构既不是完全垄断的也不是理想的完全竞争的，而是不完全竞争的。不完全竞争包括寡头垄断和垄断竞争两种。实际上，银行业市场结构的不完全竞争性有其必然性：一是银行作为影响面极广的行业，任何国家均对进入和退出银行业作了限制，如开办银行需较高的自有资本进而决定了银行业不能像零售业那样自由进入；二是银行作为具有规模经济的行业具有扩充其规模的积极性。

不完全竞争市场理论一直是经济学中一个极为复杂的问题，它有许多特例，但尽管如此，一般认为不完全竞争市场的竞争程度要高于完全垄断而要弱于完全竞争市场；不完全竞争银行市场的市场利率高于银行的边际成本且高于银行的平均成本的最低点，而有可能等于或低于完全垄断市场中的市场利率，但高于完全竞争市场的银行利率；这决定了不完全竞争市场的效率要劣于完全竞争市场。上述分析表明随着银行业从完全垄断市场向不完全竞争（寡头垄断、垄断竞争）市场及完全竞争市场的过渡，银行的竞争程度增加，效率也得到改进。银行业市场结构的改善对于增进银行业竞争、提高金融资源的效率具有重要意义（张杰，1998），不难理解，银行业市场结构是促进银行业竞争的重要外在激励机制，银行业数目越多，每个银行的垄断地位越弱，银行生存的威胁越大，必然激励每个银行为生存而开展激烈竞争；银行的垄断性越弱，单个银行操纵资金利率的能力也越弱，竞争效率也就越高。

二、银行竞争目标与竞争效率

银行的竞争目标一般来说是由其经营目标决定的。作为一家银行，其经营目标大致有利润最大化、存款或贷款最大化等。西方商业银行大多为股份制银行，其竞争目标主要是获取利润最大化，其争取存款或贷款要受到利润最大化总目标的制约。而社会主义国家的银行大多为国有银行，由于这些国家急切需要资金以发展经济，国有银行作为国家实现其经济战略最重要的工具之一，其行为必须要符合国家效用函数即为国家筹集尽可能多的金融资源并按照国家的经济发展战略予以分配，在这种约束条件与激励机制下，每个国有银行必然以获取最大量的存款为主要的竞争目标。在以利润最大化和以存款最大化为目标的两类银行业中，其竞争行为从而效率必然发生较大的差异。

在不完全竞争的市场结构下，任何一个银行的行动均会引起其他银行的反应，特别是在银行开展价格竞争如提高存款利率、降低贷款利率与服务费用时其他银行的反应最为突出。当银行的竞争目标是获取最大利润时，银行之间有可能开展价格竞争和其他竞争，如一家银行首先提高存款利率时，另几家银行可能会跟着采取行动，但银行之间的价格竞争不会无限地进行下去，因为每家银行均要受到其竞争目标利润最大化的约束，因而银行间的博弈能够达成均衡，我们不妨用以下模型来说明这种情况。

我们假定：（1）市场上存在两家寡头银行 A、B；（2）每家银行的存款与贷款额相等，不存在超存和超贷的现象；（3）由于寡头市场两银行相互影响，我们假定每家银行贷款的需求曲线（D_1，D_2）为两家银行贷款利率的线性函数，且 A 银行的贷款需求曲线与 A 银行索要的借款利率（r_1）成反比、与 B 银行索要的贷款利率（r_2）成正比（因为 B 银行的利率太高会使部分客户选择 A 银行）；B 银行的贷款需求曲线与 A 相似；（4）两银行的平均资金成本（C）相同。则有：

$$D_1 = a_1 - b_1 r_1 + c_1 r_2 \quad (b_1 > 0, c_1 > 0) \tag{3.10}$$

$$D_2 = a_2 + b_2 r_1 - c_2 r_2 \quad (b_2 > 0, c_2 > 0) \tag{3.11}$$

A、B 的利润为：

$$\pi_1 = (a_1 - b_1 r_1 + c_1 r_2)(r_1 - c) \tag{3.12}$$

$$\pi_2 = (a_2 + b_2 r_1 - c_2 r_2)(r_2 - c) \tag{3.13}$$

A、B 两银行的竞争目标是使使其利润最大化，由利润最大化的一阶条件则有：

$$\frac{d\pi_1}{dr_1} = a_1 - 2b_1 r_1 + b_1 c + c_1 r_2 = 0 \tag{3.14}$$

$$\frac{d\pi_2}{dr_2} = a_2 + b_2 r_1 - 2c_2 r_2 + cc_2 = 0 \tag{3.15}$$

最终解得：

$$r_1^* = \frac{a_2 c_1 + 2a_1 c_2 + c_1 c_2 c + 2b_1 c_2 c}{4b_1 c_2 - b_2 c_1}$$

$$r_2^* = \frac{2a_2 b_1 + a_1 b_2 + 2b_1 c_2 c + b_1 b_2 c}{4b_1 c_2 - b_2 c_1}$$

上述假定实质上只是为了计算上的方便，我们可适当放宽假定，但不会影响我们分析的结论。上述分析表明，银行开展价格竞争是有其限度的，如上例 A 银行只能将其贷款利率降至 r_1^* 否则便会受亏损，受利润这一竞争目标的约束，银行间的价格竞争会趋向某一均衡水平。当然，在现实生活中，A、B 两银行可能为了共同利益而勾结成为银行卡特尔，对贷款制定较高利率，此时，接近于一家完全垄断银行，在一定程度上损害了资源配置效率，各国的银行业协会其实就是卡特尔的一种形式。但是，经济学家也证明了存在完全与上述相反的结论。在上例中，在一种极端情况下，若 $a_1 = a_2 = 0$ 且 $b_1 = b_2 = c_1 = c_2$，则 $r_1^* = r_2^* = c$，则即使在只有两家完全相同厂商存在的情况下，也有可能达到完全竞争市场下的均衡结果，这就是著名的伯川德悖论（张维迎，1996）。虽然在不完全竞争下银行之间的竞争行为存在多种结果，但当银行的竞争目标是获取尽可能多的利润时，便会受到成本制约，银行间不会展开无休止的价格竞争，这大大减小了竞争呈现出无序状态的可能性。

但是当银行的竞争目标只是获取尽可能多的存款时，情况就不同了。一般而言，影响居民选择存款放在 A 银行而不是 B 银行的主要因素包括利率高低、方便程度、服务水平等，而当银行不受成本制约时，其更愿意将利率和扩大组织规模作为竞争的主要手段，原因是这两种手段不像服务水平那样需要员工付出更大的努力程度。

若银行 A、B 的竞争目标是存款最大化时，假定 A、B 的存款数量（D）分别为其利率（r）和组织数量（S）函数，即

$$D_1 = a_1 + b_1 r_1 + c_1 s_1 \quad (b_1 > 0, c_1 > 0)$$
$$D_2 = a_2 + b_2 r_2 + c_2 s_2 \quad (b_2 > 0, c_2 > 0)$$

显然上述函数是发散的，A、B 两银行要增加其存款，必然会不断地提高其利率，扩充组织规模。这一竞争关系可用一个博弈过程来解释。假定某一新兴市场上有金融资源 D，其支付矩阵如图 3.1 所示。

图 3.1　支付矩阵图

显然在这一完全信息表态博弈中其纳什均衡是（设立组织，设立组织），在这里参与人可以扩大到多个银行，在存款竞争不受约束的情况下，理性的银行必然是争设组织，提高存款利率也有如此相似的结果。

从这里我们就可得到对我国银行间存在无序竞争问题的解释。1993 ～ 1998 年我国银行存款市场上硝烟弥漫，竞相开展存款大战，造成金融秩序混乱，竞争处于无序状态。而竞争的手段主要有以下两个：一是变相提高利率包括给存款人赠送礼品、回扣和奖品等，以至人民银行不断发出禁止变相提高利率的通知；二是扩充组织规模，国有银行不管是否有效益，只要某家国有银行先在某地设立了一家分支机构，其他国有银行便会跟着设立分支机构，

实质上，我国银行间的竞争已演变成了通过扩大规模竞争，经济效益低下就具有必然性。

上述分析已清楚表明，银行是以利润还是以存款为竞争目标，会引起其竞争效率特别是银行的自身经济效益的极大差异，竞争目标是否包含成本制约因素决定了银行间有序与无序的不同状态。当银行以利润为竞争目标时，银行为获取尽可能多的利润必须有与其他银行开展竞争的内部激励，同时，利润又受成本制约，因而成本又是银行的一项重要内部约束机制，银行不可能为获取竞争优势而无限开展价格竞争和组织竞争，而当银行以存款为竞争目标时，虽然有促使银行为获取存款而开展竞争的激励，但却缺乏成本这一内在约束，其结果是银行倾向于展开价格竞争和组织竞争。

第四章
我国商业银行竞争与效率的实证分析

第一节 银行竞争与银行经营效率的实证分析

从银行外在环境因素层面来看，银行业的竞争、技术特别是信息技术的影响、消费者的消费倾向变化以及金融管制的放松对银行效率都产生影响。

本书的理论假说是竞争态势决定银行行为和银行效率。目前理论上对银行业结构、竞争与效率并没有达成统一的观点，甚至有些观点是相互抵触和冲突的。而我国银行业正处于结构性变革时期，而且鉴于我国的国情，银行业的变迁具有独特的特征，我们有必要对此进行深入的实证研究，从理论及实证层面对上述问题给予解答，并为我国银行业改革与发展提供理论支持。因此，在上一章我们对我国银行业竞争态势进行了分析，得出我国银行业结构处于高度垄断状态，本章将在上一章分析基础上，实证分析在这种竞争态势下我国商业银行的效率水平现状。银行效率分为微观的银行经营效率和宏观的资金配置效率。经营效率主要指企业的微观效率，本书用资产收益率（ROA）反映银行的经营效率。资金配置效率体现为国民经济范围的资金利用的宏观效率，用多个变量（见下文）反映商业银行的贷款偏好，从而折射商业银行的资金配置效率。

竞争模型假设效率低的企业终将在市场上被效率高的企业所淘汰。竞

争的压力促使企业在对投入品的质量和组合作决策时会努力达到实现规模
经济和范围经济的目的。但是，真正的公司行为和完全竞争模型中的假设
不同。市场不完善削弱了竞争压力，无效率的企业仍然存在，竞争模型所
标示的规模、范围、投入品质量的特性都不再存在。金融管制的初衷是使
得金融市场比没有管制时更有效率。例如，20世纪30年代人们认为美国
银行服务激烈的价格竞争导致了市场的崩溃。从此，银行业引入了利率和
价格管制以期望为银行提供便宜的资金来源。同时为了防止地方市场的过
度竞争，还引入了市场限入制度和跨地区分支机构的设置限制。但是，其
后很多研究都表明过度管制对银行效率产生负面影响。埃夫莫格（Evmog，
1998）对美国大银行的统计研究表明，管制使得银行改变工作流程以规避
法律，最终导致投入品价格扭曲、配置无效率。通过对1972~1979年（严
格的管制时期）和1984~1987年（管制放松时期）两个时期进行比较表
明：这两个时期银行业所处的环境明显改变，配置效率在前一时期表现为
无效率，在后一阶段无效率状况基本不存在。很明显，在管制放松的环境
下，银行通过改变它们的生产程序以充分实现规模经济，享受技术改变带
来的效率提高。

　　我国目前具有社会主义特色的市场经济体制发源于计划经济体制，计
划经济体制、国有制以及金融特许经营权制度等就构成了我国银行业垄断
的初期约束条件。1978年改革开放之后，我国选取了具有中国特色的市
场经济改革路径，基于行政权力垄断的国有垄断经济体制中，非关系国计
民生的产业垄断局面先后被打破，银行业的改革也进入逐步取消特许经营
权、逐步开放的过程。这些改革措施是否达到了促进商业银行的竞争行为
从而提高银行业竞争力的目的，可以从采取这些措施后，我国商业银行的
经营绩效和资金配置效率变化情况予以分析。本部分将利用回归模型，对
我国银行业经营效率和资金配置效率进行实证分析，研究我国商业银行的
经营绩效和资金配置效率是否有明显提高，证实我国对银行业采取的这些
措施是否达到了促进商业银行的竞争行为，从而提高银行业竞争力的
目的。

一、理论分析和研究假设

从 20 世纪 80 年代初开始，中国的银行体系发生了一些变革，其目的是促使国有银行由政策驱动转换为由利润和竞争驱动。在转轨过程中，政府为了创造一个富有竞争性和有效的银行体系而采取了一系列改革步骤。

第一步是在 1985 年取消了对专业银行只能服务于指定部门国有企业的限制，以建立一个竞争性的以市场为基础的金融体系。然而，由于受到中央和地方政府的干预，竞争是有限的。地方分支行仍被地方政府控制，主要业务仍然为政策制定者的需要所驱动。

第二步是 1994 年建立了 3 家政策性银行，接管四大国有银行提供政策性贷款的职能。然而，国有商业银行在政策性贷款中仍然发挥着重要作用。因为指定的政策性银行的服务和贷款能力缺少足够的分支行网络和资本作支撑，因而不能满足以前由四大国有银行提供的政策贷款需要。而且，国有商业银行经常面临来自中央和地方政府要求向其偏爱的部门和企业发放贷款的压力。

第三步是在 1998 年底为了避免地方政府的干预重构了中央银行组织。中国人民银行把全国所有的省、市级分行合并成 9 家地区分行。地方政府不再像以前一样有权任命中国人民银行地方分支机构的高级官员。

第四步是在 1999 年成立了四家资产管理公司，目的是解决四大国有银行的不良贷款。这些资产管理公司是：信达资产管理公司、长城资产管理公司、东方资产管理公司和华融资产管理公司。上述四家资产管理公司的任务和使命是分别负责剥离和帮助四大国有银行清理资产负债表和增强它们的竞争力。另外，为了控制新贷款的不良贷款率，所有的国内银行都使用了五类贷款标准方案。具体见表 4.1。

表 4.1 中国银行业改革步骤

年份	改革的内容	改革的性质	描述
1995	颁布中国人民银行法和商业银行法	管制	货币稳定；银行监管；支付体系资本充足率管制

续表

年份	改革的内容	改革的性质	描述
1996	全国范围的银行间市场和国内银行间债券交易市场	管制	银行间市场统一
1997		放松管制	银行被允许商业化经营
1997~2000	国有商业改革	重组	降低成本银行治理，内部控制和信贷风险管理
1998	人民银行的重组	放松管制	按区域划分的分区银行取代了省级银行独立的信贷决策
1998	取消对国有商业银行的信贷配给制度	放松管制	对信贷决策负责
1998	降低存款准备金利率利率的灵活性	放松管制	存款准备金利率从20%降到8%，浮动利率引入到批发市场
1998	向国有商业银行注资	重组	对四大国有商业银行资本注入330亿美元
1999	减少政府对银行贷款的干预	放松管制	禁止政府干预银行的贷款决策
2000~2002	信托投资公司的改革城市信用社股份制银行上市	重组	与信用社合并或关闭，与其他信用社合并或关闭，公司制治理，产权多元化，让股份制商业银行上市减少政府干预
1999	成立资产管理公司	重组	处理国有商业银行的坏账
2002	改进谨慎性管制	管制	采用贷款分类体制，与巴塞尔协议一致
2003	成立银监局	管制	取代中国人民银行监管职能
2005	交通银行在香港整体上市	放松管制	银监会将引入战略投资者作为股份制改革的重要步骤

　　我国银行业改革的攻坚阶段——产权改革（2003~2010年）这一阶段是我国银行业现代化改革的攻坚阶段，国有商业银行产权改革全面展开，主要是将国有商业银行改造成国家控股的股份制商业银行并最终上市。2003年12月中央汇金投资有限责任公司成立，其形式为国有独资公司，股东单位为财政部、中国人民银行和国家外汇管理局，汇金公司的成立，标志着我国政府开始采用投资公司的形式建立国有金融资本出资人的模式。汇金公司负责向实施股份制改造试点的银行注资，并督促银行落实各项改革措施，完善公司

治理结构。2003 年 12 月，国务院动用外汇储备，由中央汇金有限责任公司完成向中国银行和中国建设银行各注资 225 亿美元补充资本金的工作。2005 年 6 月交通银行在香港地区上市，成为我国内地第一家实现境外整体上市的银行，之后中国银行、中国建设银行和中国银行陆续在香港和上海证券交易所上市。截止到 2010 年底，我国共有 16 家银行在香港和内地上市。其中包括 4 家国有商业银行、9 家全国股份制商业银行和 3 家城市商业银行。在产权改革过程中，我国商业银行还积极引入战略投资者，银监会将引入战略投资者作为股份制改革的重要步骤，主要希望以此来改善国有商业银行的公司治理制度。

总之，从 1978 年确立改革开放的政策以来，中国政府对银行业实施了渐进式的改革。20 世纪 80 年代实现了从垄断银行体系向双层银行体系的变迁，成立中央银行和四个专业银行。20 世纪 90 年代对银行业进行更深化的改革。将专业银行中的政策贷款业务分离出去，成立三个政策性贷款银行。其他的改革措施有减少地方政府对银行资金配置的干预，对国有商业银行的重组，取消信贷配给制，采取对利率和银行进入的逐步放松管制，加强谨慎性管制。

尽管银行业进行了改革，但银行业整体的经营效益并没有得到改进。国有商业银行在 1994~2000 年间平均资产收益率在 0.2% 以下。其他商业银行，绝大部分由城市商业银行组成，1994~1995 年间资产收益率达到接近 2% 水平，但在 2000 年时降到了 0.6%。国有商业银行和其他商业银行盈利能力（总收入与总资产的比率）都有下降，前者从 16% 降到 4.4%，后者从 6.8% 降到 4%。从成本效率（营业成本与营业收入的比率），国有商业银行从 85.9% 降到 77%，但仍然比其他商业银行高①。

（一）进入壁垒

通常，银行业中的进入壁垒是导致资金无效率配置的原因，会带来银行之间及银行与借款人之间的勾结行为。但从另一个角度，也有学者认为，如果进入壁垒政策能提高银行效率，而且激励银行去执行非银行机构和资本市

---

① 根据 1994~2002 年《中国金融年鉴》数据计算所得。

场不能完成的职能，则这种政策在理论上是有效的。如，商业银行通过与借款人建立长期关系，拥有借款人的信息，并对借款人行为进行监督，并充分利用规模经济和范围经济优势提供成本更低及品种多的服务。因为中小企业的信息有特殊性，没有公开，银行的这种作用对中小企业尤其重要（Yoshitomi and Shirai，2001）。银行对借款者能起到监督作用，而且在公司治理存在缺陷、破产法事实上不存在的经济环境下，要将款项贷给公司并确保其偿还，银行的这种职能是不可缺少的。

因此，在制定进入规则时，银行管制者必须做到让银行有执行对企业实行监督职能的积极性。银行管制者必须在允许银行获利与防止银行获得超额租金之间保持平衡。没有足够的租金，银行为争夺市场份额和增加利润，将从事冒险性经营活动去争夺市场份额和利润空间。但这会减少商业银行的长期收益，而且增加银行破产的可能性。

在此理论背景下，我们认为，是否要实行严格的进入管制，要根据商业银行的效率而定。国有商业银行的效率低于其他商业银行，而银行市场集中度没有发生大的改变，说明进入壁垒的设置没有提高银行的经营绩效。这表明我国银行业进入壁垒水平过高，扼制了竞争，不能提供国有商业银行努力提高自身管理水平的激励。

（二）准备金限制

准备金限制是指中央银行要求商业银行在其总资产中必须持有最低比例的在央行的存款。作为货币政策执行机构，中国人民银行通过利用准备金的限制影响银行贷款规模从而影响货币总量。然而，提高最低准备金率，影响商业银行扩大贷款规模的能力及总的货币供给量，也降低了银行的盈利和扩大营业收入的能力，而且，会限制商业银行扩大经营范围，从而降低商业银行的盈利。

中国人民银行将最低准备金率从1988年的13%提高到1992年20%，但1998年又降到了8%。国有商业银行在1998~2000年降低了央行存款比例，与准备金率下降趋势一致。而非国有商业银行与之相反，即使从1998年准备金率大幅下降后，非国有商业银行存放在央行的存款仍然占存款总额的很高比例。该现象产生的原因是央行不仅对准备金支付利息而且对超额准备金也支付利息。对超额准备金支付利息使银行失去扩大贷款规模以及从事多样化经营，从而限制银行通过其他途径提高经营业绩的能力。

与持有准备金相似，商业银行在购买政府债券过程中也有相似的行为倾向。在一些国家，为保持银行资产的流动性，银行管制部门要求银行必须购买一定数量的政府债券。在中国，虽然没有这一资产流动性管制要求其购买一定比例的政府债券，但近年来，商业银行却有自发增加持有政府债券规模的趋势。

（三）经营范围

混业经营使商业银行获得非利息收入的机会，增加其收益。金融混业经营使银行与客户在其生命周期内保持长期关系，激励商业银行收集和利用企业的内部信息，并对其进行监督。这同时也减少了银行从事冒险活动的动机。进行收益不完全相关的多行业经营，既能减少银行资金成本又能带来更多的收益。由于不同金融服务的收益不是完全相关，多样化经营减少了银行的资金成本，同时也降低银行向客户收取的贷款费用及其他费用。通过多种经营建立的银行与企业间的关系能降低企业获得资金的成本，提高企业经营绩效，使它们的投资不过分依赖于内部经营所得，也有利于解决企业的融资困境。

金融混业经营使银行利用内部信息而提高效率。通过建立长期贷款关系，银行拥有对借款人信誉的内部信息及投资项目的详细情况，而这些信息是没有对外公布的。因为银行为这些企业发行债券，不需花费很大成本去收集它们的信息，因此，银行比非银行机构发行债券的成本更低。这也使发行债券的企业受益。

通过贷款与商业银行建立了关系，投资者会更信任向其贷款的商业银行而购买该商业银行发行的债券。由于信誉有溢出效应，商业银行利用提供一种服务获得的客户信任而向他们推荐商业银行的其他产品。由于实行多元化经营，商业银行把管理与客户关系付出的固定成本和人力资本分摊在提供的多种产品上，提高了经营效率。而且，混业经营使银行能够应付客户需求的变化，迅速重新配置资源以提供客户所需的产品。上述讲了许多混业经营的优点，但是，在相当长一段时间里，发达国家也不实行混业经营制度是有原因的，另外，各国的经济发展阶段不同，需要的银行经营形式也是不一样的。因此，本书将通过实证部分检验经营范围的扩大是否会提高商业银行的经营绩效。

二、变量选取及假设

本部分将对银行经营绩效进行实证研究。本书利用 BanKscope 数据库[①]提供的 1994～2014 年国内商业银行的面板数据，实证分析银行业改革对商业银行经营绩效的影响。反映绩效的指标有资产收益率（ROA），收入与总资产比例指标（INCOME）及营业成本与营业收入的比例指标（COST）。

$$Roa = \alpha + \beta_1 Other_{i,t} + \beta_2 City_{i,t} + \beta_3 Listed_{i,t} + \beta_4 Sbond_{i,t} + \beta_5 Diverse_{i,t}$$
$$+ \beta_6 Liquid_{i,t} + \beta_7 Asset_{i,t} + \beta_8 Rgdp_t + \beta_9 Deposit_{i,t}$$

我们定义三个虚拟变量，用于反映商业银行的自身属性对银行资产收益率的影响。OTHER 变量表示当作为样本的银行是非国有商业银行时为 1，为国有商业银行为 0；CITY 表示当检验的银行是城市商业银行时为 1，为其他商业银行时为 0；LISTED 表示当商业银行为上市商业银行时为 1，当为非上市商业银行时为 0。SBOND 定义的是商业银行持有政府债券的资产占银行总资产的比例；为反映经营范围对商业银行绩效的影响，我们定义了 DIVERSE 变量，DIVERSE 定义的是手续费收入与其他营业收入与总资产的比率；LIQUID 定义为商业银行在央行的存款占其存款总额的比例，该变量反映商业的资产流动性水平；为反映商业银行存款规模对商业银行经营绩效的影响，我们分别设置了 ASSET 变量和 DEPOSIT 变量，ASSET 定义为商业银行资产总额的对数值，DEPOSIT 变量定义为商业银行存款余额的对数值。RGDP 定义为国内生产总值的真实增长率，以反映商业银行的经营绩效受宏观经济环境的影响

---

① BankScope 是欧洲电子商业数据库提供商 Bureau van Dijk（BvD）与银行业权威评级机构 Fitch-Ratings（惠誉）合作开发的银行业著名分析产品。它详细提供了全球 12000 多家主要银行（1673 北美银行，9700 其他各国银行）及世界重要金融机构与组织的经营与信用分析数据。

程度。COST 是营业成本对营业收入的比例，是反映银行成本效率的比例。INCOME 变量定义为银行总收入与资产的比例。

三、模型回归及结果

从表4.2中，我们可以分析出模型回归的结果。代表商业银行所有权性质的变量 OHTHER 对资产收益率的回归系数是正的，对营业支出与营业收入比率 COST 变量的系数是负的，在5%水平下统计上显著，表明其他商业银行的盈利能力要好于国有商业银行。但该变量对收入与资产的比重系数是负的，但统计上不显著。代表是否为城市银行变量 CITY，对资产收益率有正的贡献，对收入支出比起负的影响，而且统计上显著。这表明城市商业银行经营绩效较好。三个虚拟变量，表明其他商业银行，尤其是城市商业银行经营绩效要优于经营机构遍布全国的国有商业银行。

表 4.2　　　　　　　　　　对商业银行资产收益率的回归结果

解释变量	因变量					
	roaa		income		cost	
C	0.92 (0.78)	−1.46 (−0.42)	7.54 (1.73)*	−18.5 (−1.51)	132.3 (2.98)***	415.4 (3.36)***
OTHER	0.87 (2.51)**	0.80 (2.17)**	−1.09 (−0.85)	−1.98 (−1.52)	−59.7 (−4.6)***	−50.1 (−3.81)***
CITY	0.42 (1.77)*	0.36 (1.49)	0.79 (0.92)	0.24 (0.27)	−22.4 (−2.55)**	−16.3 (−1.87)*
LIST	−0.26 (−1.38)	−0.31 (−1.55)	−1.5 (−2.19)	−2.09 (−2.93)***	5.86 (0.84)	12.2 (1.7)*
SBOND	−0.04 (−3.05)***	−0.04 (−2.88)***	−0.13 (−2.63)**	−0.11 (−2.33)**	2.25 (4.65)***	2.07 (4.41)***
DIVERSE	0.01 (0.09)	0.01 (0.11)	−0.42 (−1.24)	−0.4 (−1.23)	10.14 (2.94)***	9.93 (3.01)***
LIQUID	−0.02 (−2.6)**	−0.02 (−1.97)*	−0.03 (−0.96)	0.01 (0.13)	0.34 (1.00)	−0.06 (−0.17)

续表

解释变量	因变量					
	roaa		income		cost	
ASSET	0.23 (−2.42)**	−0.6 (−1.17)	−0.66 (−1.88)**	−4.65 (−2.59)	−2.65 (−0.75)**	40.8 (2.25)**
RGDPG	0.17 (2.54)**	0.19 (2.64)**	0.69 (2.74)***	0.84 (3.33)***	−5.35 (−2.1)**	−6.98 (−2.76)***
DEPOSIT		0.36 (0.73)		3.88 (2.26)**		−42.2 (−2.44)**
R^2	0.63	0.63	0.42	0.47	0.54	0.59
F-Statistic	11.7	10.35	5.02	5.37	8.14	8.55

注：括号里表示的是 t 统计值，*，**，*** 分别表示 10%，5% 和 1% 的显著性比例。

持有政府债券的变量 SBOND 对 ROAA 和 INCOME 都是负的效应，但对 COST 变量却是正的效应，说明增加政府债券的持有比例，会降低商业银行的资产收益率和收入资产比，同时降低成本效率。持有政府债券不能提高银行绩效，很大原因是限制了商业银行的贷款规模及从事其他业务的经营，从而阻碍银行实现一定程度的规模经济和范围经济优势。

DIVERSE 变量对 ROAA 回归的系数是正的，但统计上不显著，但 DIVERSE 变量对 COST 变量回归的系数也是正的，而且在 1% 比例上统计显著，表明银行经营范围受到政府管制的严格限制，不能发挥范围经济的优势。这表明，虽然银行实行混业经营会带来一些负面的影响，但允许银行从事证券投资及其他行业，能扩大银行经营范围，提高银行的盈利能力与效率，因此，对是否允许商业银行混业经营存在一定的争议。

LIQUID 对 ROAA 的回归系数是负的，而且统计上显著，表明银行持有超额准备金，但降低了商业银行试图以其他方式获利的积极性。中国人民银行应取消对超额准备金支付利息，因为这种措施扭曲商业银行资产管理的行为，以致其不能达到最优的资产组合。

ASSET 对 ROAA 和 INCOME 的回归系数是负的，表明商业银行的规模对银行的经营绩效的贡献是负的。尤其是国有商业银行建立了许多没有效率的分支机构，国有商业银行也在削减分支机构和人员，这说明商业银行有提高经营绩效的空间。该实证结果也说明我国商业银行存在规模偏好和费用偏好（秦宛顺、欧阳俊，2001），及出现规模不经济等特征，与国内一些学者结论一致。

GDP 对 INCOME 的回归系数是正数，对 COST 的回归系数是负的，而且统计上显著。表明经济增长速度的放慢会导致银行经营绩效的下降。DEPOSIT 的系数统计上显著，表明存款额的增加会增加收入、降低成本率。1997～1999 年非国有商业银行的存款增长率下降，是由于存款由非国有商业流向国有商业，非国有商业存款额降低了，这导致了非国有商业银行盈利能力下降。

四、结论

经营效率反映商业的微观效率，木书中以资产收益率反映商业银行的经营效率。以上实证研究证明，资产收益率与国有产权比重、银行的资产（规模）成正比，与其他收入占总收入比重成反比，说明我国商业银行的经营效率处于较低水平，与我国国有商业银行居垄断地位，银行规模不经济，以及经营范围受限制等原因是密切相关的。

我国银行竞争不足制约了商业银行创新能力的提升。随着居民收入水平不断提高，我国居民更趋于要求银行提供多样化的银行产品供其选择，创造多元化的投资产品和投资方式满足其投资、避险和保值增值的需求。但是，我国银行业务经营范围相对狭小，在巨额存贷利差已经能够保证高额利润的前提下，银行缺乏创新的压力与动力，国内商业银行整体上存在经营机制转型和业务结构调整滞后，差异化服务不到位的现象，银行创新服务水平存在较大差距。具体表现为：第一，吸收性的创新多，原创性的创新少。目前我国银行创新主要是模仿和借鉴国外的管理模式和产品创新模式，但这种简单、低成本的模仿方式不利于国内银行业核心竞争力的提升。银行应该按照客户利益和风险承受能力的适应性原则设计银行服务种类，从资产配置的角度进行产品开发和投资组合设计，科学合理地通过银行创新服务提高银行竞争力。第二，负债类业务的创新多，资产类业务的创新少。目前，我国银行业银行创新产品的结构比较单一，推出的产品主要是负债类产品，资产类业务的创新发展比较缓慢。

垄断造成国有商业银行的低效运行。垄断是我国金融竞争不充分和竞争质量不高的重要原因。第一，垄断形成规模不经济。国家控制下的银行垄断，使国有商业银行在业务规模、人员及机构网点扩张的同时，缺乏成本及利益约束，结果导致单位营运成本上升、单位收益下降，出现规模不经济。第二，我国银行业的竞争更多地表现为增机构、拼数量、不计成本拉存款，在服务的质量上、金融产品的创新上、业务领域的拓展和管理水平的提高上却无大的作为，银行员工也缺少提高自身业务素质的内在压力。第三，国有商业银行在银行业中的垄断造成了国有商业银行经营效率的低下。我国四大国有商业银行资本收益率、资产收益率低于同期国内新兴商业银行，与国外银行相比相差甚远；成本率远远高于同期国内新兴商业银行与国外银行；国有商业银行由于人员众多，致使在人均利润、人均资本与人均资产的衡量上与国内新兴商业银行相比并无优势可言，更无法与国外商业银行相比。第四，居于垄断地位的国有商业银行虽有实力获得技术优势及进行技术创新，但却缺乏技术创新和开发金融新产品的动力。因为研究和开发金融工具除需投资外还需承担一定的风险，而竞争对手的缺乏使得风险的现值放大，预期净收益减少，从而成为阻碍银行技术创新的内在动因。近年来许多新金融产品、新技术手段由非国有商业银行推出恰恰印证了这一点：金融创新实力不足，势必降低银行开拓及适应未来市场的能力即发展效率，加剧银行经营的困难，使银行改革进程迟缓。

第二节　银行竞争与银行配置效率关系的实证分析

一、理论分析与假设

前面的实证部分说明银行业的改革没有提高我国商业银行的经营绩效。这与银行不考虑贷款的风险与收益的经营行为是直接相关的。为进一步比较银行业改革前后我国商业银行的贷款行为是否发生变化，我们利用数据，从借款方角度出发，考察经营绩效差的和收益不稳定的企业是否比其他企业要获得更高的银行贷款比例。

在1994年银行业实行重大改革前，政府为达到既定的经济增长率目标，没有限度地干预银行的资金配置。因此，政策性贷款而不是商业性贷款在银行信用中占绝大比例。即使从1994~1995年开始政策贷款业务从商业银行分离到政策性银行后，政府干预仍然在银行的贷款活动中继续着。卢、坦加维卢和胡（Lu, Thangavelu and Hu, 2002）利用我国268个上市公司的数据，考察借款方的数据，实证检验了银行贷款对国有企业偏好。同时，也考虑了违约风险、抵押品数量、公司规模及产业政策等因素对银行贷款活动的影响。他们的结论是，在违约风险和贷款抵押品数量等同的条件下，银行向国有企业贷款的愿望强于向非国有企业贷款的愿望。这说明银行贷款行为的这种偏向和软预算限制是我国商业银行不良资产出现的主要原因。与国有企业保持长期的关系而降低了交易成本，也是商业银行这种倾向产生的原因。在本节中，我们将用比上述文献更为综合的数据，在他们实证分析的基础上，对我国上市公司的融资结构进行分析，从而反映商业的行为绩效及贷款偏好，考察商业银行的强烈偏好向国有企业的贷款倾向到如今有无改变，即可得出商业银行的资金配置效率有无得到改进的结论。

（一）样本选取

运用1992~2014年国内上市公司（总共1098家）的数据，利用最小二乘法回归。观察的数据覆盖1994~2014年，模型对整个时期（1994~2014年）以及两个独立时期（1994~2003年和2004~2014年）分别进行回归。对样本进行分时期回归，是为检验从1998年以来实行贷款分级制度对银行贷款行为的影响。用相关系数矩阵检验变量是否存在多重共线性，本书用怀特异方差修正标准去除存在的异方差。

（二）变量选取及假设

我们的实证研究目的在于找出影响企业银行贷款占其总负债的比例的因

素，说明什么样特征的企业具有较高的银行贷款占其总负债的比例，从而可以折射出商业银行的贷款行为。LOAN 表示贷款比例，是本模型的被解释变量，定义为企业短期借款和长期借款占企业总负债的比例。ASSET 变量定义为上市公司资产总额的对数，反映企业规模的大小。AGE 表示公司成立的时间年限，定义为 2000 年与公司成立年份之差，AGE 变量越大，说明公司成立时间越长。为衡量国有产权对企业银行贷款比例的影响度，我们定义 STATE 变量，表示国有股（包括国家股和国有法人股）占总股本的比例。ROA 为上市公司的资产收益率，VARIANCE 为上市公司本年度与上两年资产收益率的方差，该变量值越大，就说明该公司收益越不稳定，该企业存在的风险也越大。GASSET 变量为上市公司总资产年增长率，它反映公司经营活动的成长性。该变量系数越大，说明公司成长性越好。

影响银行向企业贷款行为的因素，以贷款额（定义为短期借款与长期借款与总负债的比例）作为因变量进行回归分析。选取了多个反映企业特征（如规模、企业持续的年数、国有股比例）的解释变量。公司的规模以资产总额定义。衡量国有股比例（国家股与国有法人股），国有股与总股本的比例。为考虑上市公司的风险因素，模型采取当前年份的资产收益率与前两年的资产收益率方差。

资产规模、公司年龄、国有股比例及保护性行业虚拟变量的系数预期是正的，假设银行贷款倾向于规模大的、年龄长的及国有股比例高的公司。如果银行倾向于将更多款项贷给盈利少的公司较之于盈利多的公司，则资产收益率的系数是负的。如果银行愿意将更多资金配置给收益波动更大的公司，即风险较大的公司，则资产收益率方差的系数是正数。所有这些变量也可以用来检验公司的软预算约束问题。如果银行真正考虑提高业绩，银行将在贷款决策上变得谨慎，把更多的款项贷给有发展前景的企业，如规模小的企业（代表着从事竞争性的行业）、新成立的公司（较少受计划体制下管理模式的影响）、不受保护的公司、盈利的公司以及收益较为稳定的公司。

二、模型回归及结果分析

1. 回归模型。

$$loan_{i,t} = c + \beta_1 age + \beta_2 \ln asset_{i,t} + \beta_3 \ln state_{i,t} + \beta_4 roa_{i,t}$$
$$+ \beta_5 variance_{i,t} + \beta_6 gasset_{i,t} + \beta_7 protected_{i,t}$$

回归结果见表 4.3。

表 4.3 　　　　　　　对我国上市公司贷款比例的回归结果

Variable	Coefficient	Coefficient	Coefficient
C	−7.10 ** (−2.37)	−18.39 *** (−4.7)	3.15 (0.73)
AGE	0.56 *** (8.02)	0.09 (0.86)	0.80 *** (8.74)
ASSET	1.92 *** (8.24)	2.92 *** (9.57)	1.56 *** (4.47)
STATE	0.15 *** (11.08)	0.18 *** (10.82)	0.04 ** (2.15)
ROA	−0.74 *** (−26.58)	−0.63 *** (−15.81)	−0.87 *** (−21.95)
VARIANCE	0.00 * (1.66)	−0.01 (−1.56)	0.00 (−0.70)
GASET	−0.001 *** (−2.54)	−0.02 *** (−2.56)	−0.01 (−1.00)
PROTECTED	−1.36 *** (−2.82)	−2.32 *** (−3.55)	−0.09 (−0.13)
R-squared	0.788	0.65	0.702
F-statistic	92.334	42.71	90.49
N	5304	2530	2774

注：括号里表示的是 t 统计值，*，**，*** 分别表示 10%，5% 和 1% 的显著性比例。

2. 回归结果。 第一，资产总额的变量 ASSET 系数在整体和两个时期分段回归都是正的，统计上显著，说明银行更倾向于向规模大的公司贷款。第二，资产收益率变量 ROA 的系数在整个时期和两个时期的分段回归都是负的，且统计上显著。这说明盈利少的公司较之盈利多的公司在融资上更多来源于商业银行的贷款。第三，公司年龄 AGE 变量的系数在 1994~2014 年是正的且统计上显著，说明银行将更多款项贷给成立时间长的公司较之于新成立的公司。1994~2003 年，AGE 变量系数是正的但统计上不显著，但在 2003~2014 年变为正的且在 1% 水平下统计显著，这是因为不仅在 1992~1993 年而且在2009~2010 年间有许多新公司成立。近年来，银行向成立时间长的企业贷款意愿变得更为强烈。第四，在 1994~2014 年的回归期间，国有股比例系数是正数而且统计上显著，说明国有股比例高的企业受到软预算约束。然而此系数在2004~2014 年间回归比 1994~2003 年要小，因而说明软预算约束问题得到一定改善。第五，方差系数在所有期间都是不显著的。PROTECTED 变量在1994~2014 年和 1994~2003 年间回归的系数都是负的，且通过统计检验，但在 2004~2014 年间回归时，统计上不显著。该结果表明，在早期，这些受保护性行业的企业直接从财政预算或政府补助获得资金。由于财政拨款和政府补助的减少，在向银行贷款的行为上，受保护行业的企业和不受保护行业的企业差别在逐渐消失。变量 RGDP 的系数统计上不能通过检验，因此，我们在回归时将它删除。

回归结果说明，银行对成立时间长的、规模大的、盈利差的及国有股比例高的公司有贷款偏好。而希赖（Shirai，2002）的实证结果验证了成立时间长的及规模大的公司较之于新成立的及规模小的公司的经营业绩（体现在资产收益率、净资产收益率和每股收益上）更差。

总之，1994~2014 年银行呈现出向规模大的、盈利少的及国有股比例高的公司贷款偏好，1998~2000 年银行行为与 1994~1997 年没有很大的差异。即从 1998 年开始所采取的银行业改革措施并没有使我国商业银行的资金配置效率得到提高。

三、结论

资金配置效率体现为国民经济范围的资金利用的宏观效率。之所以还要讲配置效率，是因为银行是国民经济的资金枢纽，影响宏观效率，对于银行不应只考虑微观效率，还要考虑宏观效率，如果微观效率不行，宏观效率还行，则在有时这种低效率在一定程度上还是可以允许存在的。本节通过实证分析，认为商业银行贷款没有将资金贷给更有效率和收益更加稳定的部门（见上述部分），从宏观上看，资金没有得到合理的配置，即，我国商业银行资金配置效率在现阶段仍然处于较低水平。

垄断造成信贷配给歧视。1995 年，随着《商业银行法》的颁布，国有银行成为商业银行，主要目标是获取利润。然而经过多年的改革，四大国有银行的效率水平至今仍然很低，没有明显的改进。它一方面表明政府对银行的主要决策的干预仍然存在；另一方面，它也反映出提高银行效率的巨大潜力和空间。在现实生活中，中央银行对商业银行存款利率进行管制，商业银行缺少价格调整的主动权，影响商业银行承担贷款风险的积极性，国有商业银行除了必须履行隐含的契约将资金贷放给国有企业之外，充满活力的非国有企业所获得的信贷支持微乎其微。真正的私营部门生产的国民生产总值已占全国的 33%[①]，但是，直到 2002 年，它们还只获得了不到银行总贷款余额的1%，私营部门 90% 以上的原始资本来自业主、合伙人或家族及民间借贷，这不能不严重地束缚了私营企业进一步发展。表 4.4 给出 1994～2014 年间国有商业银行对私营企业贷款余额占所有贷款余额的比重。可以看出，1994～2014 年国有商业银行对私营企业贷款余额有所增加，但所占比重仍然很低。

表 4.4 　　　　国有商业银行对私营企业贷款余额占所有贷款余额的比重

年份	余额（亿元）	占国有银行所有贷款比例（%）
1994	52.34	0.159
1995	32.35	0.082
1996	51.2	0.11
1997	156.92	0.294

[①] 樊纲：《发展民间金融推动金融改革——我国经济发展战略思考》，载《中国经济时报》，2000－06－09。

年份	余额（亿元）	占国有银行所有贷款比例（%）
1998	202.3	0.345
1999	292.24	0.508
2000	340.79	0.568
2001	425.94	0.604
2002	392.41	0.492
2003	456.58	0.523
2004	800.03	0.456
2005	1200.35	0.523
2006	1500.36	0.536
2007	2005.46	0.523
2008	3000.36	0.489
2009	3562.68	0.456
2010	4823.96	0.478
2011	5642.36	0.521
2012	7841.58	0.514
2013	8524.32	0.523
2014	10000.85	0.521

数据来源：《中国金融年鉴》1994～2014年历年。

笔者认为，要提高银行的资金配置效率，必须放松对银行业务的市场准入限制和价格管制，提高市场竞争程度，建立起有效的市场竞争机制。最新的关于公司治理结构的研究表明，多元化的产权结构固然重要，但也只是有效公司治理结构的一项内容和必要条件。特别是对于规模巨大的现代商业银行而言，多元化的产权结构常常并不必然导致有效的公司治理结构。

超产权论（竞争论）认为，在竞争激烈的市场上，任何银行都将面临生与死的选择。在这个压力面前，不管银行的产权归属如何，只要它们想生存，就得不断降低经营成本，提高经营效率，因而市场竞争是企业发展永恒的外在压力。而竞争机制的基础是价格机制，如果价格被人为地扭曲了，竞争必然是不规范的竞争。

第三节　中国银行业市场结构、产权结构与经济绩效的关系检验

产权和市场是密切相关的，任何关于产权绩效的研究，都必须放在相应的市场结构框架内，否则势必会导致与产权理论假设不同的难以解释的结果。同样，任何关于市场绩效的研究，离开了产权这一重要因素，则会产生与一般市场结构理论相背离的很大误差。在过去有关的研究中，最大的缺陷就是，往往人们只是单纯地研究某一方面，或是产权，或是市场，而没有将两者综合起来研究，这样就难免会产生偏差。因此，必须把市场结构和产权结构结合起来，研究对银行业绩效的影响。

一、市场集中度对银行业绩效的影响

根据产业组织理论，集中率是衡量市场结构的重要指标，也是决定产业绩效的重要因素。因此，我们的分析从集中率入手。

首先，选择银行业的净资产利润率作为其绩效指标，具体来说，就是取银行业的利润总额与其净资产之比率。然后，取银行业的集中度 CR_4 为解释变量，建立模型，对利润率指标进行回归，以便测定 CR_4 对于利润率的影响作用：

$$ROE = \beta_0 + \beta_1 CR_4 + \varepsilon$$

其中：

（1）ROE 为权益利润指标，等于利润总额/净资产。

（2）考虑到银行业目前的主要产品还是贷款，因此，CR_4 选用贷款总额指标，即四大国有商业银行的贷款占银行业总贷款的比重。

（3）ε 表示随机变量。

在进行回归分析时，我们采用横截面及时间序列的混合数据，这样可以增加样本观察值的数量，以提高分析的精确度。为了能够准确地刻画银行业

的产业发展特征，我们以 1994 ~ 2002 年为考察年份，数据来源为历年《中国金融年鉴》和《中国人民银行统计报》，部分数据考虑价格因素进行了调整。本书采用普通最小二乘法（OLS），使用 EVIEWS 7.0 统计软件，得到以下回归估计结果（括号里的数字为 t 检验值）：

$$ROE = -1.931 + 0.033CR_4$$
$$(-1.117)\quad(1.502)$$
$$R^2 = 0.244 \qquad F 统计值 = 2.257$$

模型表明，单一变量 CR₄ 对于利润率的影响作用是不显著的。进一步分析，增加市场结构的另一重要指标——规模变量作为解释变量时，对于利润率会有怎样的不同效果呢？是否会由于增加了作为进入障碍的规模变量之后，导致了集中率对于利润率的作用会发生改变？下面做进一步研究。

二、集中度和规模对经济绩效的影响

增加规模变量作为解释变量时，建立以下模型，对利润率指标进行回归：

$$ROE = \beta_0 + \beta_1 CR_4 + \beta_2 Scale + \varepsilon$$

其中，ROE、CR4 含义同上；Scale 为规模变量，用所有银行资产总额的平均值（取 log）衡量。

回归结果如下：

$$ROE = 13.213 + 0.018CR_4 - 1.544Scale$$
$$(6.245)\quad(2.332)\quad(-7.446)$$
$$R^2 = 0.926 \qquad Adjusted\ R^2 = 0.902 \qquad F 统计值 = 37.627$$

模型表明，规模变量 Scale 对利润率具有负面影响，而且统计上显著但规模变量的引入并没有导致集中率 CR₄ 对利润率的作用大大减弱，CR₄ 的正相关作用只降低 1 个百分点左右。如前面分析，我国银行业垄断局面是行政垄断的结果，而不是市场选择的结果，我国商业银行存在银行费用的偏好，由此造成银行业绩效的低效。

三、产权结构、集中度和规模对银行业绩效的影响

一般认为,我国股份制商业银行的经营效率高于国有商业银行,与其多元化的产权性质有着一定的关系。那么产权变量对利润率究竟有怎样的影响?建立以下模型:

$$ROE = \beta_1 + \beta_2 CR_4 + \beta_3 Scale + \beta_4 State + \varepsilon$$

其中,ROE、CR_4、Scale 含义同上;State 是不同所有制的结构变量,我们选择银行业的国有股权份额作为代表国有制在银行业的结构变量,试图发现银行业的产权结构对于利润率具有怎样影响。国有股权份额为国务院派驻监事会的 7 家商业银行资本总额与所有商业银行资本总额之比。

回归结果如下:

$$ROE = 15.56 + 0.01 CR_4 - 1.639 Scale - 0.011 State$$

$$(-2.011)(1.184) \quad (-3.046) \quad (-3.867)$$

$$R^2 = 0.961 \qquad \text{Adjusted } R^2 = 0.938 \qquad \text{F 统计值} = 41.269$$

模型表明:

(1) 国有产权结构变量 state 表现为较为明显的负相关效果,这说明我国银行业利润率偏低与国有产权比重较大有直接关系。股份制商业银行良好的经营绩效可以说是来自其明晰而多元化的产权机构,要提高中国银行业的竞争力,一个有效的政策是改变国有商业银行独资的状况。

(2) 规模变量 Scale 对利润率的负相关性也较为显著,这与第一节分析的结果一致。负相关意指随着银行业资产的增加行业利润率不增反降,表明我国银行业超过了适度规模。四大国有商业银行在分支机构、营业处所的设置上,部分区域已经超过了适度规模,超过最小规模要求。

(3) 集中率 CR_4 对利润率的影响不显著,可以视同弱的正相关或不相关,这与传统产业组织理论相悖。

传统产业组织理论认为,市场集中度与行业利润之间存在正相关关系,即市场集中度越高行业利润率也越高。而在我国银行业,集中率对利润率的

影响并不显著。

银行的绩效取决于市场结构和市场竞争程度，一般情况下，政府放松银行业规制，从业银行数量逐步增多，不同产权性质、不同规模的银行出现，原有高度垄断的市场结构改变，改善了竞争的内容和方式，激烈的市场竞争使银行改善了治理结构，降低了成本，提高了绩效。由于长期受计划经济的影响，我国对商业银行一直实施非常严格的政府规制，市场准入也非常严格，使银行乃至整个金融业牢牢控制在国家的手中，使潜在竞争对手难以进入，造成银行业寡头垄断的市场结构。这种市场结构降低了效率，破坏了市场的竞争机制，助长了不规范的经营行为，使银行业的整体竞争力降低。目前，我国商业银行的市场结构正在由寡头垄断向垄断竞争转变，这种市场结构适应了我国经济结构的发展，使股份制银行和中小银行等发展壮大，能够为民营企业和中小企业提供融资，使非国有经济快速、稳定地发展，反过来又促使股份制银行和中小银行甚至整个银行体系效率的提高。

第四节　我国国有银行行为与效率问题分析

通过上述分析，我们得知现阶段我国商业银行的经营效率和资金配置效率都处于低下水平，正如前所述，我国在 1994 年和 1998 年对银行业采取了一些较大的改革，但是，分阶段回归发现，我国在 1998 年前后的经营效率与配置效率没有本质的差异，说明我国对商业银行所采取的改革措施没有达到预期的提高商业银行效率的目的。前面实证分析提到商业银行规模对资产收益率起副作用，本节将对国有银行业行为做进一步分析，对国有银行存在费用偏好做进一步解释。

一、国有产权与国有银行费用偏好

1. 国有银行经营者费用规模偏好源于单一国有产权结构中由于出资人监督缺位而被纵容了的代理人问题。与其他国有企业行为模式（刘小玄，2003）

相同，在行政主导的银行业寡头垄断市场上，国有银行单一产权结构决定了其所有者目标实际上是无人负责的，因此，国有银行市场行为将主要由实际经营者和主管部门管理者的个人目标决定。无人对所有者目标负责意味着出资人的监督缺位，并导致经营者实现费用偏好；经营者决定企业行为将意味着内部人控制和代理人问题，代理人道德风险问题和机会主义行为直接导致国有银行各层级管理者的费用偏好。

当国有银行经营者缺乏剩余索取权（比如效益薪酬等）途径来实现个体利益目标时，他们只有通过非正式途径（机会主义途径）来实现其效用最大化追求，最主要的"非正式途径"就是费用规模扩张。国有银行经营者可以实施"费用节省"行为，该行为可以增加银行利润，但是需要成本付出。银行利润属于作为出资人的国家，成本却全部要"节省费用"的行为主体承担。在固定工资合约中，对于实施"节省费用"的行为主体而言，利润分成收益微乎其微。因此，国有银行从总裁到员工都没有节省费用的动力，一旦具备了收益转化为费用的条件，经营者必然会把全部收益转化为费用，以增加其个体效用。

在各项财务支出项目具有通约性时，经营者扩张费用规模不过是明修栈道，提高其效用水平才是暗度陈仓。在资金价格的严格管制制度中，费用规模扩张与企业规模扩张具有正相关关系，因此，费用偏好又成为规模扩张的相关函数，只要经营者能够从规模扩张中得到净效用，商业银行规模扩张行为就难以得到遏止。

对"费用节省"性利润的分成制度则会产生不同的激励效果，因为职位消费与工资收入的边际效用不同，所以"费用规模扩张"就会存在一个边界，该边界由费用扩张所带来的职位消费的边际效用与费用扩张挤占利润所带来的工资收入减少的边际效用等值的那一点来决定。在产权结构合理、治理结构完善且激励措施到位的股份制商业银行中，因为费用节省指标被计入个人业绩，并由此带来分配收益，这在某种意义上可以看成是利润分成制度，该制度构成对管理层费用扩张偏好的制度制约，经营者费用规模扩张倾向略有收敛，其行为相对而言更加趋向于利润最大化方式。上升到一般规则，即拥有剩余索取权的管理者，相对于拿固定工资的管理者而言，其费用偏好相对较弱。这就是管理层持股在成本节省方面的激励约束价值。

2. 政府最低政绩目标追求和作为出资人对利润追求的软约束是国有银行经营者费用偏好得以实现的依托。在经济转轨的整个改革初期，无论中央政府各部门还是地方政府，他们都是国家"经济赶超战略"的推进主体，经济赶超战略的推进程度主要体现在国民经济增长指数和政府官员的政绩方面，其中的后者又与政府官员的仕途紧密地扭成一团。考核政府官员政绩的最重要指标就是产值和稳定，产值通过国有经济部门的数量扩张来实现，稳定则依赖经济部门的持续发展和提高就业率。在这样的赶超经济背景中，国有银行的历史使命就是投政府（官员）政绩扩张之所好，为国有经济部门创造"金融剩余"（麦金农，1973），从而保证经济转轨过程中处于竞争劣势的国有经济部门的扩张性延续。因此，国有银行经营者在对政府（官员）首选政绩扩张掌握确定信息时，其优选博弈策略是，不为信贷资产质量负责，也不受利润硬约束，更有甚者是选择负利润率，以博取主管部门的优惠和补贴，比如"债转股"、由政府财政来核销债务等。"经济赶超战略"给国有银行费用规模扩张提供了宽松的经济社会发展背景，它们总是能够搭乘政府扩张政绩的便车，最大程度地谋求自身效用满足。

一方面，因为有政府承担最终责任，国有银行经营者总是能够从其业务规模的无限度扩张中得到大于所承担风险的效用收益；另一方面，在行政主导的寡头垄断格局中，市场准入壁垒使得来自外部市场竞争的约束力量总是小于国有寡头银行对于市场的控制力，同时，因为国有银行在单一产权结构中很难进行利润目标激励，因此，国有银行经营者越来越"专注"于在位利益基础上的效用最大化目标，包括各种"在位消费"或者"在位交易"（刘小玄，2003），其实现途径是费用规模扩张。在万事俱备时，费用规模扩张所面对的唯一约束就是资金约束。也正因为如此，储蓄动员不仅是给国有经济部门制造"金融剩余"的途径，更是国有银行缓解资金约束提高个体效用满足程度的路径依赖。只要新增存款息差大于零，储蓄规模扩张就意味着可转化为自控费用的收益的增长。当动员储蓄成为国有银行增加"个体"利益的唯一途径时，数量型规模扩张也就具备了其合理逻辑。

二、国有银行费用规模扩张的去向

对于国有银行的费用规模扩张问题，无论是从宏观角度还是从微观视角，无论其去向是资产减值准备还是薪酬支出，抑或是其他支出，如果不被置入中国经济转轨的特定背景和国有银行的特定制度安排之中，我们很难合理地分析其客观存在，也不能简单地由此来评说国有银行效率高低问题。如果扩张的费用规模被用于员工薪酬提高和在职消费，则国有银行所谓效率问题不过是作为出资人的政府的利益与国有银行"个体"利益之间的分配博弈；而如果费用扩张用于资产减值准备计提，那么所谓国有银行资金配置效率问题不过是残缺所有权之上政府绩效追求之下不同国有经济部门对国家利益的瓜分。两者都不能简单地等同于国有银行微观组织低效率问题。

在发达国家，商业银行非息非税费用支出主要用于提取呆账准备金和抵补非信贷资产损失，这有利于审慎经营。而在中国国有银行，其非息非税费用支出中的大部分则用于业务管理费用支出，除中国银行外，其他三家国有银行业务管理费用支出都超过全部非息、非税费用支出的70%，以至于所能够提取的呆账准备金和非信贷资产损失准备金所剩无几，1999年资产减值准备金计提比例最高的中国农业银行，也不过10%，与外资银行的50%以上相比太低，以至于要抵补不良资产损失几乎不可能。结果到2000年为止，国有银行积累了总量规模为14000亿元人民币即超过其资产规模25%以上的不良资产压力。尽管在2001年以后资产减值准备计提在总费用支出中所占比例提高，但局势并不乐观，因为提高的资产减值准备金所冲抵的是历史上形成的不良资产，而不是新增不良资产。即便如此，按照目前的资产减值准备计提速度，需要10年时间才消除历史不良资产问题。

在高比例的业务管理费中，员工费用是最大支出项。在这点上，中国国有银行均值与股份商业银行乃至国外商业银行相比，不存在太大差异。但差别在于，国外各商业银行之间员工费用占业务管理费用的比例比较接近，大概是50%，但中国国有银行之间，从中国银行的79%到农业银行的33%（焦瑾璞，2002），差别巨大。

　　业务管理费用扩张的最终去向体现在银行"个体"福利水平的提高。但在国家作为出资人委托监管机构对国有银行员工工资水平进行严格管制下，国有银行业务管理费用扩张并不直接体现在工资收入水平的提高，而是表现在其他名目繁多的财务报表科目中，比如所有的服务费、管理费及与实物相关的其他耗费等，这些科目的费用支出通过增加职位消费或者转化为职工工资外收入，成为经营者提高福利水平的中间路径。从国有银行存在大量的大额支出项目，我们可推断出上述结论。

　　雇员规模过大是国有银行巨大费用规模的主要原因。具有费用偏好的银行管理层没有积极性按照利润最大化原则来降低人力资源成本，而是更乐意照顾各种社会关系，或通过交换社会关系来为自己提供方便，满足更大范围的效用，结果国有银行雇员数量超过利润最大化目标所需要的雇员数量。相对于发达国家商业银行和中国新兴股份商业银行而言，中国国有银行曾经承担着扩大就业等在内的宏观经济任务，以至于中国国有银行成为吸纳就业能力最强的商业银行，无论是绝对数量还是相对于资产规模而言的相对数量，都是这样。根据对中国四家国有银行与国外几家大银行1996年情况的比较可知，中国四大国有银行所雇用员工分别是国外一些大银行的9～43倍，即便是在经过多次减员后的2002年，四大国有银行员工总数仍然超过136万人，人均资产规模和人均存款规模分别为1001.28万元和820.35万元人民币，是股份商业银行相应指标2505.82万元和1721.61万元人民币的2/5和1/2。

　　尽管工资收入水平受到作为出资人的政府（委托监管机构进行）的严格管制，尽管国有银行员工薪酬水平比股份商业银行还要低，但过多雇员依然消耗掉了数目巨大的薪酬费用和其他费用，以至于中国国有银行的雇员数量成为费用支出和利润指标之负相关的最显著统计要素。1995～2000年间，在统计内的25家美国银行中，其雇员数量每变动1人，其利润同方向变动1.06万美元，而在中国国有银行中，雇员数量每减少1万人，利润将可相应增加1.3925亿元人民币（胡援成，2001）。在美国各大银行通过增加雇员人员而增加利润的同时，中国国有银行提高利润指标的首选措施依然是减员增效，但由于减员有悖于各级政府宏观经济的稳定发展目标和主管部门管理者的政绩目标，因此，该措施遇到了强大阻力。

三、分析国有银行效率问题政策价值

本书从分析经营者费用偏好入手，试图给国有银行低盈利能力问题及效率提高提供一个理论视角，但不谋求解决国有银行存在的所有效率问题。通过把费用偏好概念导入效率问题的研究框架，我们发现，资产收入率在1998~2003 年间高于股份商业银行的国有银行（李华民，2004），其各项盈利指标在2002 年却不足股份商业银行的 $1/X$（ $X > 2.5$ ），其根源在于费用扩张侵蚀了利润，也表明国有银行经营的主要目标不在于利润最大化。因此，国有商业银行要改善盈利能力指标，首先必须把利润最大化作为其第一经营目标追求，然后费用支出的总量削减和结构性控制应该成为国有银行改善盈利能力指标的着力点。实际上，国有银行商业化改革的实质性推进已经宣示了市场竞争预期的利润硬化约束路径，其表现就是国有银行在1998 年后的效率有一定程度改进，减员则只是在商业化改革实质性推进后所推出的增效措施之一。

市场竞争预期下的利润硬化约束效应可以类推到其他能够导致约束硬化的措施。因此，通过导入费用偏好概念来分析国有银行效率问题的政策价值在于：（1）商业化改革的实质性推进之所以能够促使国有银行实施撤退性战略改进，就是因为商业化带来了市场竞争预期。这种竞争预期不只是由引进外部竞争带来的，更有威胁力的是在位寡头银行之间的竞争。通过放松市场准入限制，引进外部竞争，可以降低 CR_4 指数，进而迫使国有银行改善 X - 管理效率。但对中国银行业效率提高而言，打破政府主导的行政垄断，并制止寡头银行之间合谋性市场垄断，推动在位寡头银行之间的市场竞争，建立竞争规则，让商业银行通过竞争提高自身的竞争力。（2）政府干预从国有银行退出，可以消除国有银行利润软约束的根源。国有银行利润软约束的根源在于，具有二重身份的政府，没有也无法对国有银行利润目标做出硬指标要求，因为作为出资人要求的利润目标往往要屈从于作为社会管理者所要求的政绩目标，特别是对于政府官员而言，政绩目标比利润目标的边际效用更大。政府多元目标结构内生了多种"公共费用"这些公共费用与国有银行"个体费

用"界限模糊,给国有银行转移"个体费用"并把它外在化为"公共费用"提供了一个制度出口和路径。(3)产权结构改革仅是硬化国有银行利润约束的必要条件,但并不能解决所有效率问题。在单一国有产权结构下多层次代理问题决定了出资人监督缺位,出资人监督缺位和国家最终责任共同决定了国家无法不对国有银行采取随时干预政策。产权结构改革是国家退出国有银行的初始条件,多元化产权在解决委托代理问题上相比单一国有产权而言,具有比较优势,但多元化产权也并不偏好是代理问题的延伸,而治理结构完善是控制内部人控制和解决委托代理问题的路径依赖。能自动解决委托代理问题,因此,股份制改造也只是提高国有商业银行 X – 效率的必要条件,而不是充分条件。

为降低银行市场势力,减少由银行市场势力带来的效率损失,更好地促进银行竞争和银行效率的双向互动关系,提出如下政策建议:一是继续深化银行业改革,完善公司治理机制建设,增强银行的商业性和独立性,为银行效率改善提供制度保障;同时,鼓励银行转变发展方式和盈利模式,强化经营结构和收益结构转型,提高银行盈利能力。二是建立一个能够促进银行充分竞争的政策环境。重点是要降低银行业准入门槛,扩大银行业对内对外开放,允许更多的参与者进入,增加市场竞争主体;同时,完善人民币汇率市场化形成机制,加快推进利率市场化,健全反映市场供求关系的国债收益率曲线,更好地发挥市场在资金配置中的作用,促进银行有序竞争。三是促进资本市场健康发展。一个繁荣的资本市场可以为投资者和融资者提供多样化的融资工具和投资产品,媒介双方投融资需求。尽管这将对商业银行的存贷款业务构成一定竞争压力,但完善的资本市场有利于银行业务转型和效率改进。因此,要健全多层次的资本市场体系,促进资本市场健康发展。

第五章
我国商业银行竞争与稳定性分析

第一节　银行竞争与银行稳定的关系分析

一、银行体系稳定性的概念

20世纪70年代以来，各国金融自由化和金融创新步伐的加快正改变着银行业的市场竞争格局；尤其是进入20世纪90年代以来，国际范围内的银行业并购风潮更是强化了这种效应。考虑到金融全球化背景下的中国银行业市场结构面临着改革和开放的双重压力，笔者认为，研究与此密切相关的银行业市场结构及其影响下的银行竞争和银行体系稳定的关系问题很有必要。

稳定的银行体系通常是指一个由竞争力强的、有清偿能力的银行组成的部门。银行危机是指由于实际的或潜在的银行挤提，迫使资产质量低下的银行停止负债方项目的偿付，或者政府为防止这一问题的出现而进行大规模的干预。银行的不稳定，一种形式是以爆发的形式发生。它表现为银行等金融机构的大量倒闭、经济中货币供应量急剧紧缩，实际经济活动陷入严重衰退，这被称为银行危机；另一种形式表现为银行的整体上运行困难，不良债权规模巨大，蕴涵着巨大的系统性风险。

对于银行体系稳定的概念，经济学界存在着不同的看法，有的学者更愿意用银行体系的稳健性来说明问题。在本书中，作者一般不对稳定和稳健这两个概念加以区分，而将其看作内涵基本相同的概念。当然稳定和稳健还是有少许区别，笔者认为，稳定更多的是把银行体系当作一个整体来看待的，而稳健既可以指一家银行的情况，也可以指银行体系的情况；另一层意思是，稳健更侧重于经营管理问题，这不是本书所论述的，因此，本书所提到的稳健这个概念，是稳定的另一种说法，在此略作说明，以免混淆。

有的学者认为，稳健的银行体系可以被定义为这样一种体系：其中大多数银行（那些占整个体系的资产和负债比例最大的银行）有偿付能力，而且可能继续具有这种能力。银行要保持偿付能力，必须不断地盈利，并且有良好的流动性，以应付存款人挤提的可能。一般来说，在动态和有竞争力的市场经济中，效率和稳定是联系在一起的，没有效率的银行将会亏损并最终倒闭。

银行体系稳定性的概念必须从三个层面加以理解：首先，要区分单个银行的稳健和整个银行体系的稳定这两个概念，当然，单个银行的问题也可能演变为整个银行体系的问题，这要看市场的风向是否已经发生了逆转，人们的信心是否已经丧失；其次，银行体系的稳定有静态和动态之分，只关注静态稳定是不够的，银行稳定是一个动态的、不断发展的概念，其标准和内涵随着经济金融的发展而发生相应的改变，并非是一成不变而固化的运行状态；最后，必须认识到银行体系的不稳定对国民经济产生巨大影响。

银行的稳定之所以扮演了如此重要的角色，是由银行自身的特点决定的。银行的功能，一方面是生产流动性，即把流动性较强的负债转换为流动性较弱的资产，协调资金供求双方对流动性的不同要求，这个转换过程中的流动性不匹配的风险由银行本身承担下来；另一方面是生产信息，即代替资金供给者，对借款人的信用风险进行评估，做出放款决定，银行也要承担这一过程中由于对借款人的逆向选择和借款人的道德风险可能遭受的损失，保证对存款人的无条件支付。银行经营的突出特点是借短贷长和高杠杆率。这使得银行的正常经营依赖于存款人的信心，因为任何可能破坏存款者信心的因素都可能导致存款者对银行的挤提从而引发银行失败，而这些因素可能与银行本身的健全毫无关系，它使银行与一般的企业，乃至非银行金融机构相比，具有更强的内生不稳定性。在信息不对称的条件下，单个银行的失败很容易引发存款人对整个银行体系的信心危机，具有很强的传染性。而银行业作为经济中的支付系统，一旦出现问题，必将触及整个经济体系。

尽管银行具有内生的不稳定性，但是实际观察到的不同国家的银行的稳定性或发生银行失败乃至银行危机的频率很不相同。这主要受两个方面因素的影响：一是各个国家在银行方面具体的制度安排，例如，健全的金融监管制度，存款保险制度有利于维护银行的稳健，而东南亚许多国家政府对银行的过多干预则导致了银行体系大量的坏账，使得银行在面临冲击时非常脆弱；二是各国银行面临的宏观经济环境，在一个较不稳定的经济中，银行发生问题的可能性也会变大。

二、银行业更易于出现不稳定性的原因

银行业与非金融部门的差异体现在许多很重要的方面，如产品的性质、市场的潜在失败性、机会主义行为、承担风险会带来的负的外部性等。具体表现如下：

第一，银行用金融合约进行交易。银行为获得存款与贷款的利差，将存款者储蓄的短期资金借贷给长期使用的贷款者。这是一个风险性极大的行业，因为存款者可以在存期中的任意时日提取存款，而此时银行贷款并不一定到期就能够收回。如果发生大规模的借款者违约或者大量的存款者取款（银行挤兑），那么银行的资产与负债就不能合理的匹配，从而银行将面临破产。

第二，由于机会主义行为的存在，使得信息问题无所不在，进而导致银行业更易于破产。一方面，银行要面对逆向选择（选择得不到盈利的借款者）和道德风险（借款者用贷款从事风险极大的投资）的问题。另一方面，银行经理人掌握着比存款人和银行股东更详细的信息。也就是说，经理人对于银行贷款和其他业务（表外业务）所存在的风险性和盈利性了解得更清楚。这种信息不对称的情况使得外部投资者很难对银行作出正确的评估，同时，刺激经理人追求自身的利益最大化，而不是银行利益最大化。

第三，个别银行过度的追求风险，会给其他银行带来负的外部性，并且

扭曲风险资本的分配。如果资本市场是完全的，那么投资者将对银行从事的高风险高收益业务收取合理的高额风险补偿金。因此，高风险将被价格机制合理的内部化。然而，在如今信息不完全的市场中，高风险带来的收益不会被内部化，而是直接转成了净收益。当银行不公开其风险盈利时，投资者将无法察觉这类机会主义行为，此时，银行的（边际）成本将低于社会（边际）成本，即风险没有被合理定价。此外，高风险贷款还会增加违约的可能性，进而导致银行更易破产。一旦银行破产蔓延开来，投资者的信心将减弱或消失，进而影响了整个银行系统的稳定性。

三、银行竞争对银行体系稳定性的影响

（一）银行竞争与银行体系稳定性的理论分析

一方面，因为范围经济、规模经济和银行业经营的产品（金融合约）在信息获得方面的问题，银行市场存在着横向集中的趋势。而集中的市场又意味着相互间竞争的减弱。并且，伴着横向集中而形成的市场力量将会损害消费者的利益。然而，市场集中却起着一个重要的作用：减弱系统的脆弱性。另一方面，竞争能提高银行的效率，但是它同时也减少了银行的盈利。众所周知，一家银行盈利越少，那么它抵抗不利冲击（银行挤兑，其他外生的冲击）的能力就越弱，经营高风险业务的可能性就越大。于是，竞争会在一定程度上增强银行体系的稳定性。因此，政策制定者应当重视银行竞争与银行体系稳定性之间的联系。

然而，不论在理论上或是经验上都不能表明竞争与稳定性之间存在着直接的转换关系。导致银行业存在潜在破产特性的重要因素是信息方面的问题，而竞争能促进各银行业公开其经营状况，使得人们能了解哪些银行经营效率低下，盈利能力差，从而在一定程度上能提高银行业的稳定性。同样，竞争还能帮助政府管理者识别哪些银行的内部控制结构处于无效率状态（即银行管理层允许经营有害于系统安全的业务）。例如，银行的管理层经营高风险业务，使得银行处于危险状态。因此，在谨慎的监管和竞争者心态戒备的情况

下，竞争在一定程度上还能增强银行体系的稳定性。

而有关银行市场结构和信用风险关系的讨论，布勒克（Broecker，1990）、中村和莱尔顿（Nakamura and Riordan，1993）分析发现，在竞争性银行市场结构下，当借款企业和贷款银行之间存在信息不对称，而某借款企业被某贷款银行拒绝转而投向其他银行申请贷款时，银行间的竞争会使逆向选择问题更加严重；随着银行数量的增加，企业投资项目的平均质量会降低，从而导致贷款企业无法偿付项目贷款的概率增加，银行面对的信用风险因此增加。谢弗（1998）则不仅仅分析了借贷者数量对单个银行贷款损失率的影响，还分析了新进入银行对逆向选择非常敏感的原因。贝赞可和撒克（1993）、塔登（Thadden，1995）发现具有强市场势力的银行具有监督借款者的项目并建立长期银企关系，从而减少信用风险的动力。马图特斯和维卫斯（Matutes and Vives，2000）研究认为，存款竞争与存款保险的结合会导致银行的道德风险，银行可能选择风险高的项目进行贷款；当银行陷入财务困境、破产概率较高时，则有动力去冒险，银行面临的信用风险也随之增加；银行的治理机构、银行业的竞争以及政府管制等因素影响着银行的道德风险。

银行业正面临全球购并浪潮，自20世纪90年代以来，国际银行业的并购重组之风愈演愈烈、席卷全球，这股购并浪潮已成为当前国际商业银行发展的一大趋势。金融管制的放松和金融创新步伐的加快正改变着银行业的竞争格局。在欧洲联盟的框架下，金融一体化的中心目标是激励银行间的竞争。传统理论表明，竞争能消除各种限制性行为与做法，降低借贷利差，有助于提高银行业绩效。我们认为，如果在平缓的竞争中，最没有效率的银行破产，将会有利于系统的稳定，因为这符合市场竞争的规则，也不会存在破产蔓延的可能。然而，若是在激烈的竞争市场中，几家银行的破产将会严重影响市场的稳定性。因此，创新型进入可被视为一种外部的冲击。上层管理者应当重视对新进入者的管制，使其经营状况公开透明化。

（二）银行竞争与银行业稳定之间是否存在均衡点

银行业不同于一般工商企业，有其自身独特的特点，很难用产业经济学的理论来直接评价日益激烈的银行竞争的后果。竞争程度对银行风险激励的效应受到与债务契约有关的有限负债、借贷者之间的非对称信息、项目投资技术等因素的影响。欧洲中央银行ECB（1999）研究认为，日益激烈的市场竞争对于银行风险有着显著的影响。格里克（Gehrig，1996）从瑞士银行业的研究中得到证实，与利差相比较，瑞士银行业的准备金、贷款损失的增加起因于银行竞争程度的增加。伯格等（Berger et al.，1999）考察了金融业的全球一体化过程，并评估了金融机构并购前后对金融一体化的影响，还强调在金融危机期间政府有必要对有问题的金融机构进行合并提供金融援助和支持。这其中不能忽视银行业的市场力量与稳定性之间的关系。对于东南亚金融危机，人们考察的多是银行业的竞争和清偿能力的问题。一些专家指责这些国家银行业的脆弱性来自对外竞争激烈而引致的借贷风险行为，另一些专家持相反的观点，他们认为，面对日益激烈的国际竞争这种状况，过去的保护政策应该对这些国家银行业的不稳定性负责。

诸多研究文献分析了借贷市场结构与其绩效之间的关系，布勒克（Broecker，1990）、中村（1993）和鲁德勒（Riordan，1993）研究了在不可观察借款者特征的情况下逆向选择的后果。他们认为，当借款者在一家银行被拒绝而向其他银行申请贷款时，竞争激烈会使逆向选择问题更加严重，随着银行数量的增加，投资项目的平均质量会降低。银行经营绩效好，就说明在贷款资产组合中，发现企业私人信息和对企业进行监督的能力强。谢弗（1998）从多角度扩展了借贷市场上的胜利者诅咒问题，特别是他分析了银行利用共同信息过滤器对"赢者诅咒"问题在借贷市场的影响，并总结了影响银行使用这种过滤器激励的因素。他的分析不仅涉及借贷者的数量对单个银行贷款损失率的影响，而且还揭示了新进入银行对逆向选择敏感的原因。

市场力量可以降低道德风险问题，在有限债务责任制度下，银行追求利润最大化的解，就是其天生具有承担最大风险的动机，而道德风险是内生的。换句话讲，金融市场在信息不对称的情况下，具有内生的不稳定性。彼得森和拉詹（1995）研究认为，信贷市场竞争会对借款者和贷款者的能力施以约束，以分享来自投资项目的收益，其目的是在竞争市场中收取比垄断市场贷款者更高的利率。贝赞可和撒克（1993）解释了具有较强市场力量的银行有动力来监督借款者的项目和建立长期关系。卡米纳和马图特斯（Caminal and

Matutes, 1997）研究了银行为了减轻内在的道德风险问题而在信贷配给与监督选择时，借贷市场集中度增加的福利后果。日益增加的市场力量会使银行提高贷款利率并加强对特定项目的监督。马图特斯和维卫斯（Matutes and Vives, 2000）揭示了存款竞争与存款保险的结合导致银行过度风险。银行可能选择风险高的贷款项目形成"不顾风险的放款行为"，当银行陷入财务困境，破产概率比较高的时候，就有动力进行"赌博"。银行的治理结构、银行业的竞争以及政府管制等因素影响着银行的道德风险。尔基·瓦蒂爱能和鲁尼史坦巴卡（Erkki Koskela and Rune Stenbacka, 2000）研究了信贷市场上的竞争与风险关系，结果表明，借贷市场的竞争会降低利率，在不增加借款者的均衡破产风险情况下而使投资量增加。因此，借贷市场竞争与银行业稳定之间没有均衡点。

尽管学者们强调了逆向选择和道德风险方面，但对信贷市场上的竞争与风险关系的研究比较少。现在的问题是：日益激烈的竞争能增加银行业体系的不稳定性吗？尤其值得关注的是，信贷市场竞争与金融脆弱性之间有均衡点吗？尔基·瓦蒂爱能和鲁尼史坦巴卡（2000）构造投资技术模型来探讨金融稳定与银行信贷市场竞争之间的关系。在模型中，借贷市场的竞争会降低利率，在不增加借款者的均衡破产风险情况下而使投资量增加。因此，借贷市场的竞争与金融脆弱性之间没有均衡点，缺乏这样一个均衡点不管信贷配给是否发生都是适用的。金融脆弱，只是表明金融已具有不稳定性而已，但是向金融危机演化还有个过程。实际上，垄断银行并不一定进行信贷配给，而竞争性银行随着投资额的增加，其风险也加大。我国贷款市场是一种行政性垄断与市场性竞争相结合的市场，其贷款业务的不充分竞争与过度不规范竞争并存，贷款利率机制缺乏弹性，其中银行之间的不规范竞争使得贷款利率低于均衡贷款利率水平，市场贷款利率机制难以得到充分发挥，往往会使银行不良贷款增加，降低了商业银行的竞争力，甚至对整个金融体系的稳定产生影响。本书拟通过分析我国银行业市场集中度与不良贷款比例关系，探讨金融稳定与银行信贷市场竞争之间的关系，并论证竞争在金融发展中的必要，最后对我国信贷市场的改革提出认识。

现有的文献对银行竞争与银行稳定之间关系没有定论。现有关于银行稳定的理论忽略了不同银行业市场结构对银行业稳定的影响。建立在银行执照价值理论基础上的文献认为市场势力的存在减轻了银行业的冒险行为，因为所预期的破产造成的收益损失是巨大的。然而最近的一些文献认为银行业竞争并不必然造成银行业的不稳定。从银行负债风险角度看，由于存款者之间存在的"协作困难"所带来的银行脆弱性是与银行竞争无关的。从银行资产风险角度，集中的银行体系比竞争的银行体系更有风险。最后，适当的政策，如存款保险制度，能缓解银行竞争与银行稳定的相互替代关系。

四、外资银行进入对市国银行体系稳定性的影响分析

从目前理论方面的研究成果来看，外资银行进入可以从正、负两个方面对本国银行体系的稳定性产生影响。从正面效应来看，外资银行的进入将通过引入竞争和先进的银行技术全面提高本国银行市场服务提供的质量，同时还可以激励东道国建立银行监管的法律框架。从负面影响来看，本国银行面对具有国际声誉和优势的跨国银行的激烈竞争，将失去大量的市场份额，特别是那些盈利性好的部分（Stiglitz，1993）。同时，银行业国际化可能暴露和恶化本国银行体系的风险问题，特别是在宏观经济状况和监管较弱的条件下。一般而言，通过引入外资银行的竞争，将产生银行部门效率提高和监管强化的效应，这将有利于增强本国银行体系的稳定性；而跨国银行与本国银行市场份额的竞争以及银行业开放带来的风险暴露和恶化问题，可能增强银行体系的不稳定性。

在实证研究方面，现有的研究比较侧重外资银行进入对本国银行体系竞争效率的检验。一项对80个国家外资银行进入对银行体系效率影响的研究表明，外资银行的进入显著提高了本国银行服务体系的效率、降低了营业成本与盈利率，并且这种效率改善的作用与外资银行进入的数量而不是其所掌握的市场份额直接相关（Claessens，Demirg uc-kun and Huizinga，2001）。目前，已有多项研究证实，外资银行进入对当地银行市场功能的改善具有显著作用。而银行市场竞争功能的增强对体系稳定具有长期的正面效应，因此，外资银行进入产生的各种潜在的竞争效应可能对增进本国银行体系的稳定性发挥重

要作用。在各国的实践中，已得到一些证据说明外资银行进入对增强本国银行体系稳定性发挥的积极作用（Levine，1999；Leslie，2002）。

外资银行进入对本国银行体系的稳定性具有显著影响，外资银行进入数量的增加将减少本国银行体系危机发生的可能性，而外资银行资产份额的上升对本国银行体系稳定性的影响具有不确定性。可见，是外资银行进入的数量而不是其所占的市场份额将对本国银行体系稳定性的增强发挥积极作用。

结合克莱森斯，戴莫古克—康特与赫伊津哈（Claessens，Demirguc-kunt and Huizinga，2001）等的研究成果，我们发现，外资银行进入带来的效率提高和稳定性增强都与外资银行进入的数量呈显著的正相关关系。该结论进一步支持了 Levine（1999）与克莱森斯 Claessens（1998）等人的观点，即外资银行的进入对影响本国银行体系的可竞争程度具有重要意义。随着外资银行进入数量的增加，其对本国银行市场的影响主要表现为潜在进入者带来的竞争压力的增强，而竞争通过提高效率、增加透明度和强化监管等市场功能的实现将有助于增强一国银行体系的稳定性。目前，大多数发展中国家普遍存在银行业有效竞争不足的问题，通过引入外资银行可以获得本国银行业稳健发展的额外收益。同时，市场竞争功能的实现可能存在一定的范围，各国在引入外资银行的实践中都尽量避免出现两种极端状况，即过度竞争和外资垄断，因为上述情况可能反而增加一国银行体系的脆弱性。因此，笔者认为，外资银行进入数量增加有助于提高银行体系的稳定性的结论是有一定的前提条件的，这方面的问题还有待于今后进一步的研究证实。

第二节　银行效率与银行稳定性模型分析

金融改革追求的总目标是银行效率和银行稳定。根据戈顿和温顿（Gorton and Winton）模型，转型经济国家银行体系的效率和稳定在一定程度上相冲突，因此，权衡两者关系难度较大。在国有企业经营机制没有根本改变的情况下，企业还贷能力差，极易形成不良贷款，从而诱发银行经营风险，银行体系的稳定不可能是"持续的"，而是暂时的。若不提高金融效率，有可能导致金融危机。因此，在经济转型的关键时期，转变理念的任务是把银行体系效率放在首位。这在一定程度上会影响银行体系的稳定，但理论分析表明，银行效率提高增加的银行福利远大于不稳定带来的银行福利损失。提高银行效率是消除银行不良资产、减少金融风险、增加银行竞争力的关键，也是保障金融安全的基石。

（一）模型假设

假设经济持续存在 1 期、2 期、3 期三个时期和风险中立的代表人（消费者）。消费者在 1 期可重新组合其拥有的银行资产（存款和银行股份），银行也可发行股份。假定消费者或者持有存款，或者持有股份，消费者在 2 期或 3 期消费，若其愿意尽早消费的概率较高，则消费者只持有存款，否则只持有银行股份。在 1 期，消费者知道其在 2 期的消费概率 P（$0 \leq P \leq 1$），其消费偏好呈 [0，1] 均匀分布，而消费者的总量为 1，因此，所有消费者的消费概率也为 P。又假定到 3 期银行贷款的预期收益为 R。

假定银行监管部门追求的是社会福利最大化。银行在同客户的业务往来中所掌握的有关信息是一种无形资产，若银行持续经营，则其可重复利用，否则该资产会丧失，我们称之为"银行持续经营的私有价值"（C_B），而银行倒闭的社会成本远大于 C_B，因此，"银行持续经营的社会价值"（C_S）大于其私有价值。银行监管部门知道银行向有补贴的国企（SOE_S）贷款风险小，并决定是否允许新银行进入以提高银行信贷配给效率。转型经济中的银行体系本身并不存在具有效率的结构，其本身也可能因内部人控制或其他原因而处于非效率状态。

（二）模型分析

我们采用简化的戈顿和温顿模型（1997，1998）来分析银行体系的稳定性与银行信贷配置效率的关系，已有模型研究表明，经济转型国家的银行监管部门借助于提高银行最低资本要求来提高银行体系的稳定性所带来的福利增加远小于由此造成的银行业效率下降所损失的银行福利，因此，监管部门为了提高银行业的稳定性而牺牲效率的做法是不必要的。在转型国家，国有企业（SOEs）支撑着经济发展，这些企业受到政府的补贴。对于银行来讲，贷款给有补贴的国有企业的风险小于无补贴的新兴企业（如民营企业），即使贷款给新兴企业的效率高，但其风险大致等于使银行倒闭乃至损失其持续经营的私有价值。到第3期，若银行贷款收入不足以支付客户应该提取的存款及利息，则在其他条件不变的情况下，在3期收回贷款困难的银行必然出现流动性问题，由于信贷配给效率低，导致银行倒闭的可能性很大，这里的问题是预期的银行倒闭有多大社会成本，是否具有效率？监管部门通过提高银行最低资本要求来降低银行倒闭的概率能否提高社会福利？

假定有存款 D 的银行要么向国有企业贷款，要么向新兴企业贷款，若银行贷款给 SOE（老企业），其贷款收益为 $\bar{R} + S$，这里 R 是真正的经济产出，S 是补贴数额，$\bar{R} = R + a$ 或 $R - a(a > 0)$，每一个概率为 1/2，且 $a \leqslant R$，我们假定银行若持续贷款给国有企业并避免向新兴企业贷款，则其不可能倒闭，也就是说，政府补贴防止了银行由于不良贷款破产的风险。因此，$R + S - a > R_D \cdot D$。若银行贷款给"老企业"，则其 3 期银行股权的预期价值为 $E(0) = R + S - R \cdot D + C$。

若银行贷款给新兴企业，其贷款收益为 $\bar{R} = R + a$ 或 $R - a$，概率各为 1/2，银行贷款给新兴企业有破产的风险。因此，若银行只贷款给新兴企业，3 期银行股份的预期价值为 $E(N) = 1/2(R_N + a_N - R_D \cdot D + C_B)$，贷款决策受银行股东的影响，股东则使其预期福利 W 最大化。

$$W_S(S) = \int_0^{P^*} \left[\frac{(1 - P\Delta)n_0 \cdot E(S)}{N_0} \right] dp = \left[1 - \frac{P^*\Delta}{2} \right] \cdot E(S) \quad (5.1)$$

这里，若银行贷款给新兴企业，S = 0；P^* 为边际股东，$N_0 = n_0 \cdot p$，Δ 为"二手折扣"（Lemon Discount），消费者提前消费，则必须卖出股份。由于消费者不了解银行内部的信息，其持有股份在出售时，面临一个折扣，而存款可在无损失的情况下变现，故无此折扣。n_0 为期初单个消费者拥有的银行股份，N_0 为期初银行拥有的股份。若 $W_s(0) > W_s(N)$，银行持续贷款给国有企业，从（5.1）式得出 $E(0) > E(N)$，即：

$$R + S - R_D \cdot D + C_B > \frac{R_N + a_N - R_D \cdot D + C_B}{2} \tag{5.2}$$

其中，S、R、C_B 增加，则银行倾向于持续贷款给国有企业，若 $R_D \cdot D$、R_N 增加，则银行不可能持续向国有企业贷款。如果 S、C_B 足够大，则银行就很可能偏向于向国有企业贷款，然而，如果银行向新兴企业贷款更多，则社会福利会增加。银行体系的福利函数为银行资产价值减去银行破产造成的社会福利损失再减去银行新老股东的预期柠檬成本，用公式表示为：

$$W(K_1) = R + (1 - \phi_B)C_s - \frac{P^*\Delta}{2}E - \frac{P'\Delta}{2(1 - P'\Delta)} \cdot \overline{R_D} \cdot K_1 \tag{5.3}$$

其中，ϕ_B 为银行倒闭的概率；P 为 1 期消费概率；P' 为临界消费概率；E 为 3 期银行股份支付的价值；R_D 为存款的预期收益；K_1 为监管部门要求银行增加新资本。从该函数可以看出，资本增加虽然增加了社会的柠檬成本[①]，降低了银行倒闭的概率，但也降低了银行持续经营价值的预期损失，增加了社会福利。在银行信贷配给效率分析中，银行社会福利函数等于银行资产的预期价值加上银行持续经营的社会价值减去社会柠檬成本。我们不考虑资本要求，则 $K_1 = 0$，由 (5.3) 式可得如下计算公式。

若银行持续贷款给国有企业，银行社会福利函数为：

$$W(0) = R + C_s - \frac{P^*\Delta}{2} \cdot E(0)$$
$$= R + C_s - \frac{P^*\Delta}{2} \cdot (R + S - R_D D + C_B) \tag{5.4}$$

若银行转向贷款给新兴企业，其社会福利函数为：

$$W(N) = R_N + \frac{C_s}{2} - \frac{P^*\Delta}{2} \cdot E(N)$$
$$= R_N + \frac{C_s}{2} - \frac{P^*\Delta}{2} \cdot \left(\frac{R_N + a_n - R_D D + C_B}{2}\right) \tag{5.5}$$

从社会观点看，若 $W(N) > W(0)$，贷款给新兴企业，其社会福利大，

[①] 柠檬市场上，柠檬成本是指买者被骗取的部分和由于正常交易不复存在所带来的损失。

重新整理得：

$$R_N - R > \frac{C_S}{2} - \frac{P^* \Delta}{2} \cdot [E(0) - E(N)] \qquad (5.6)$$

换句话说，如果直接经济收益 $R_N - R$ 大于银行倒闭可能性增加造成的社会福利损失与银行股东预期柠檬成本变化之差，则银行向新兴企业贷款比向国有企业贷款社会福利增加。若 $W_S(0) > W_S(N)$，则银行股东倾向于向国有企业贷款。从上式可知，预期股东福利等于银行股份预期价格乘以股东的柠檬成本（$1/2P^* \Delta$）。把 $W_S(0) > W_S(N)$ 重新改写为：

$$R_N - R < \frac{C_B}{2} + S - \frac{a_N + R_D D - R_N}{2} - \frac{P^* \Delta}{2} \cdot [E(0) - E(N)] \qquad (5.7)$$

在（5.7）式右侧，第三项反映了风险转移的收益，如果银行冒更大的风险贷款，其就应承担有限负债，把预期损失转嫁给存款者。银行贷款给新兴企业的收益小于银行私人价值损失加对国有企业贷款的补贴，减去转移风险的收益以及预期变化的柠檬成本。把式（5.6）和（5.7）结合起来可知，现有银行偏向于向国有企业贷款，而银行监管部门倾向于现有银行向新兴企业贷款，其必要条件为：

$$\frac{C_S - C_B}{2} + \frac{a_N + R_D D - R_N}{2} < S \qquad (5.8)$$

（5.8）式左边第一项是贷款给新兴企业而不是国有企业所增加的风险导致的银行倒闭所产生的预期增加的负外部性，即社会成本，第二项是银行风险增加所引致的存款者损失的增加，如果补贴相对于银行风险增加导致的外部性足够大，则银行股东和监管者的目标就互相冲突。假设补贴的直接减少不可行，监管者就有两种方式可供选择：一方面设法使现有银行降低其持续经营的私有价值（C_B）；另一方面鼓励新成立的银行向新兴企业贷款。C_B 可理解为从现有银行市场份额中获得的租金收益，鼓励新兴银行进入就能减少这种租金，新成立银行更可能向新兴企业贷款，因为这些企业并不能像国有企业那样存在已有的借贷关系。新兴银行愿冒贷款风险，其倒闭的可能性增加，诱发银行体系的不稳定，从而导致此类银行持续经营的社会价值（C_s）

损失。这里可把国有银行理解为已有银行，因新兴银行倒闭的风险大于已有银行，故其吸收存款的利率高于国有银行，而这又进一步增加了新兴银行倒闭的风险。实践研究表明，新兴银行的效率高于国有银行，银行效率与银行倒闭是一对不可调和的矛盾。拉脱维亚和俄罗斯的经验表明：政府鼓励新兴银行的进入能促进银行业的竞争、提高银行效率，但同时又有银行倒闭的风险。

利用银行体系福利函数表示银行体系的稳定性和效率的总效用，分析银行给国有企业贷款和新兴企业贷款对社会福利的效应，进而证明经济转型国有的银行监管部门通过放松银行进入限制政策，允许新银行的进入导致银行体系的不稳定性造成福利的损失远小于由此造成的银行信贷配给效率提高带来的福利增加，因而银行监管部门为了提高银行业的效率应以银行体系的不稳定为代价，换句话讲，监管部门没有必要为了提高银行业的稳定性而牺牲效率。

第三节　我国银行业竞争与稳定性分析

发展中国家发生的银行危机引起了决策层对金融稳健（银行体系稳健）的广泛关注。在许多转轨国家和发展中国家，银行业的集中度相当高，银行业的市场准入限制严格，也未曾建立起银行业的退出机制，使得银行在出现问题时往往会导致整个国家金融危机的发生。盖希尔（Gaccia）等学者的研究显示，在所选取的 34 个样本国家中，国家为严重的银行业问题所付的财政代价高达 GDP 的 30%。

是否为维持银行业的稳定而限制竞争，是否有些竞争可以提高稳定性？剧烈的银行竞争会危及金融系统的稳定性。激烈的竞争迫使银行从事风险大的项目，为补偿被挤掉的收益。高风险加大了银行破产的可能性，并破坏公众对金融系统的信心。但从另一角度，竞争与稳定性不完全冲突，因为竞争传递了市场参与主体的信息，提高了公众对银行的信心，因而减少了银行业不稳定因素。因此，大规模的银行和一定程度的竞争是防止系统不稳定的保证。本书研究的目的主要是检验这个论断的真实性，探求在什么条件下存在竞争与稳定的均衡点。

研究这个均衡的第一个动机是对此金融观点的重新认识，要求重新审视有关竞争政策、管制与监管措施。比如，我们是否有必要为了维持金融稳定，而限制银行竞争？某些形式的竞争是否提高金融系统的稳定性，比如提供了更多的信息。本书研究的另一个动机是出于文献很少论及竞争与稳定相互关系。正如艾伦和盖尔（Allen and Gale, 2000）指出："令人惊讶的是，竞争与稳定的关系并没像人所期望那样得到广泛的研究。一方面，文献有很多银行竞争的模型，另一方面，关于银行危机的文献也很成熟，但是鲜有竞争对稳定产生影响的文献。"本书致力于它们相互关系的研究。

一、银行体系稳定性的衡量

目前，对我国银行业稳定的衡量存在两种思路。一是在金融脆弱性度量中包含对银行稳定性的度量。例如，在伍志文（2002）的研究中，包括了金融市场子系统、银行系统子系统、金融监控子系统和宏观经济环境子系统四部分，分别选定指标并根据一定的临界值，如刘卫江（2002）选择了宏观变量、金融变量、其他变量，利用多元对数模型分析了影响我国银行体系脆弱性的因素。二是以是否发生银行倒闭、挤兑或是政府接管等事件为标准衡量银行业的稳定性，即采用事件研究法加以分析。银行危机往往难以量化，因而只能借助于以下两类事件判断银行危机的开始：第一，银行挤兑导致一系列金融机构的关闭或兼并，或是被公共部门接管；第二，虽不存在银行挤兑现象，但银行关闭、兼并、接管或是政府大规模地救助某些重要的金融机构。这种方法依赖于对历史上金融危机发生时间段的精准界定，由于普遍缺乏银行金融活动的可靠数据，界定一个合理的时间段十分困难。对中国来说，没有发生过金融危机，银行倒闭的时间也很少发生，而由政府主导的对金融机构的关闭、兼并和接管也只是近些年来才发生的事情。由此可见，用事件分析法来度量我国银行业的稳定性是不适合的。

同其他经济转轨国家相比，中国银行体系稳定存在着两大有利条件：

一是有经济稳定发展做后盾，改革开放近四十年来，中国的 GDP 平均每年以 8％ 的速度增长；二是政府对银行准入限制，虽然从 1984 年以来进行了商业银行和中央银行分离改革，然而到目前为止，也不过有十几家商业银行（不包括近几年来城市信用社组建成的城市合作银行或商业银行），不仅银行审批条件严格，银行执照也受到了严格的控制，所以符合条件的不一定能拿到银行营业执照。由于以上原因，多年来我国的银行体系稳定表面上得到保证。

但是，自从 1997 年发生东南亚金融危机以来，我国的经济发展受到一定程度的冲击，企业盈利下降，商业银行的风险开始暴露；加上海南发展银行因违规经营而倒闭以及广东省国际信托投资公司关闭，金融界对银行的稳定性开始重视起来。1998 年，我国在广东省试点按国际通行的五级贷款分类法对银行资产进行分类，结果表明，我国银行体系的不良贷款状况确实非常严重，所以国内金融界规范银行行为防范金融风险的意识日益增强，例如国有商业银行基层贷款网点贷款权的逐级上收，银行体系惜贷状况严重等，充分说明了我国商业银行在追求稳定性。

现阶段中国银行业竞争的主体还是国有银行和股份制银行，此类银行的稳定性直接关系到中国金融业的稳定性，其竞争能力直接关系到中国金融业在国际市场中的地位。由此可见，竞争与稳定是银行业发展所追求的两个不可分割的目标。然而，我国商业银行在追求稳定性的同时，却牺牲了银行体系的效率。以银行基层网点贷款权的逐级上收为例，虽然这样做有利于保证贷款发放质量、控制不良贷款发生规模、促进国有企业加速改制、抵御各级地方政府对银行经营活动干预，从而有利于银行体系的稳定，但在银行体系追求稳定的同时，银行业的效率却一再降低，表现在金融资源的配给扭曲更加严重，有限的金融资源没有配给到有效率的部门中去。

伍志文（2002）通过将不良资产比率、国有银行自有资金/资产比率、国有银行资产利润率等数个指标作为自变量定量分析了我国银行体系的脆弱性程度，得到的结论表明，我国银行体系在 1978～2000 年间有十几个年度是较为脆弱的，尤其是 1989 年以来更为集中，如表 5.1 所示。

表 5.1   我国银行稳定性的测度

年份	1989	1990	1991	1992	1993	1994	1995	1996	1997	1998	1999	2000
脆弱性	1	1	1	1	1	0	1	0	0	1	1	0

注：1 代表脆弱性；0 代表稳定性。

资料来源：伍志文，《中国银行体系脆弱性状况及其成因分析》，载《金融研究》，2002 年第 12 期。

但在银行体系追求稳定的同时，银行业的效率却一再降低，表现在金融资源的配给扭曲更加严重，有限的金融资源没有配给到有效率的部门中去。在信贷配给问题上，长期以来，我国存在着两个特点：一是非国有经济获得的贷款比例小，生产了 GDP 70% 的非国有经济仅得到 30% 的贷款；二是中小企业获得的贷款比例小，贷款以及股权融资额度大多数为大中型企业所占有。在银行体系追求稳定性时，这两个特点越来越明显。造成这些问题的原因，除了传统的体制因素外，一个重要的原因是在国内外经营环境转坏的情况下，银行体系为了降低经营风险，将更多的资金转移到国有大中型企业。在政府"抓大放小"政策的指导下，与贷款给中小企业相比，银行给国有大中型企业贷款受到国家信誉的担保。从对社会稳定以及引导金融资源的流向来看，我国政府的"抓大放小"政策和其他经济转轨国家对国有企业明的或暗的补贴起到了同等的作用。因此，我国银行体系在追求稳定性的同时，将信贷资源配给到了效率低的经济部门，部分有效率的非国有中小企业得不到足够的金融支持，从而使银行业的效率降低。

目前，在我国金融界，银行改革的着眼点放在解决银行的风险上，结果是牺牲了银行的效率来追求稳定。客观地说，在当前形势下，牺牲金融效率换取银行业稳定除不利于经济健康发展外，更重要的是反而可能带来金融体系的更加不稳定。比如说，国有企业普遍存在内部人控制、人浮于事、创新能力差等问题，因而经营效益不好，在企业经营不善的情况下，极容易形成不良贷款，我国银行体系的不良贷款绝大多数是国有经济部门形成的就说明了这一点。在企业还贷能力不高的情况下，银行体系的稳定只能是暂时的，也就不能谈银行体系稳定性的提高，所以金融业改革的着眼点应放在提高银行业的效率上。

提高银行业效率，促使信贷配给向有效部门转移（在我国当前形势下，向非国有部门和中小企业转移），客观需要建立多种所有制、竞争性的商业银行体系。建立多种所有制、竞争性的商业银行体系需要政府鼓励非国有资金进入银行体系，促进银行业的竞争。银行业在竞争的过程中，以市场为导向、以利润最大化为目标，将金融资源逐步向效率部门转移，促进金融资源的合理有效配置。多种所有制银行体系还可以克服单一所有制的国有银行的种种弊端，如：倾向于向国有企业放贷、竞争意识不强等，也可以解决国有银行与非国有经济之间存在的所有制不兼容问题。

建立多种所有制、竞争性的商业银行体系在提高金融体系效率的同时，可能会带来银行体系不稳定。目前我国银行体系的不稳定可能来自两方面的原因：一是银行违规经营；二是小银行的风险分散作用小。为了防范银行违规经营，我国目前迫切要求增加银行体系的透明度，研究金融监管法规的可操作性。为了减小因贷款人违约带来的银行经营风险，除银行对贷款认真审查外，银行应控制对单一借款人的头寸暴露①。通过这些做法可以显著地减少银行体系不稳定的因素，需要指出的是，尽管这种改革会带来银行体系的不稳定，但从本书分析来看效率提高的效用远大于不稳定带来效用的降低。

反思我国金融改革的实践，国家对金融的管制可以说是一个重要方面，没有把有效市场竞争引入银行改革是银行改革滞后的关键原因之一，之所以这样讲，是由于我国看重银行的准公共产品的一面，并对银行的活动进行了诸多干预。国际经验表明，抑制竞争无益于银行效率的发挥和金融深化，更对金融风险的防范和金融体系稳定无益。埃尔基科斯克拉和鲁尼史坦巴卡（Errki Koskela and Rune Stenbacka，2000）所构造的银行信贷市场结构与风险关系的模型表明，贷款市场的竞争能够降低贷款利率，有利于投资规模的扩大而不增加企业的破产风险，有助于银行的稳健经营和金融体系的稳定，同时也使社会净福利增加。根本的一点是由于银行在竞争中会加强对项目的筛选和监督，提高项目的可偿付能力。这与我们一般认为的银行竞争会增加金融体系的不稳定相反。当然，这里的竞争是指有效竞争，而不是恶性竞争和无效竞争。

---

① 风险管理中，暴露头寸是指没有对冲掉的那部分头寸。

二、银行业竞争程度与稳定性实证分析

银行不良贷款比例过高是造成银行体系不稳定的主要原因[1]，诱发 1997 年亚洲金融危机的一个重要原因也是危机前各国的银行体系积累了大量的不良资产（胡祖六，1996）。这里，本书暂且用银行不良贷款比例来反映银行业的稳定程度。试图找到银行不良贷款率与垄断程度正相关的证据。垄断程度可以由行业集中率指数（CR_n）[2] 来衡量。在本书研究中，我们仅用四大国有商业银行资产总额的数值计算 CR_n 指标，并将计算结果列于表 5.2 之中。

表 5.2　　　　中国银行业市场集中率 CR_n 指标一览（ n =4 期末数）　　　单位:%

年份	1997	1998	1999	2000	2001	2002	2003
CR_n	61.99	63.77	64.32	61.94	59.60	63.62	55.5
不良贷款率	24	35	39	33	25	26	20

注：取工商银行、农业银行、中国银行、建设银行这四家中国银行业中最大的银行。表中数据主要根据《中国金融年鉴》各期中的有关数据整理，2003 年国有商业银行资产总额占比与不良贷款率均来自 2004 年 4 月 27 日唐双宁在华盛顿"国有金融角色"论坛上的演讲（刊载于中国银监会网站）。

用表 5.2 中的数据描出图 5.1。从图 5.1 中我们可以看出，不良贷款率与银行业垄断程度大体上呈同一变化趋势，两者的相关系数为 0.755，相关性分析也表明了两者的正相关关系。即银行业垄断程度增加时，不良贷款率也上升；垄断程度下降时，不良贷款率也下降。其中的原因主要是垄断导致银行业的效率下降，信贷资源不能按照正确的市场信号进行配置，易产生不良贷款。更何况在我国，银行业的垄断不是由市场力量促成的，而是由政府力量促成的，国有商业银行更无法按照市场价值规律来配置信贷资源，更容易产生不良贷款。

---

[1]　据国际货币基金统计，从 1980 年以来，各成员国由于银行不良贷款过高引发的金融问题占所有发生金融问题国家的 66% 以上，而由于不良贷款过高引发金融危机的占 58% 以上。因此，不良贷款仍然是银行稳定的主要风险（IMF，1998）。

[2]　行业集中率指数是指某行业中前几家（通常取 4、6 或 8）最大企业的有关数值的行业比重，这一指标数值越高，表明行业垄断性也就越高。

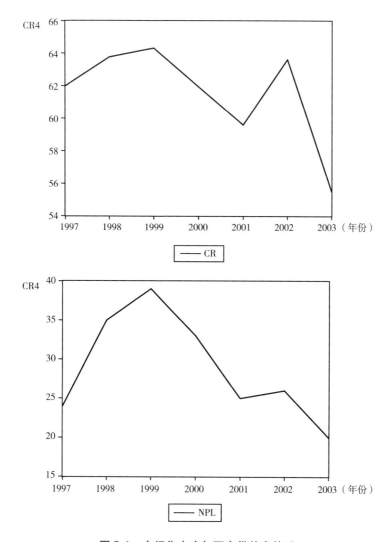

图 5.1　市场集中度与不良贷款率关系

以上实证分析说明我国银行的市场竞争格局，即集中度高的市场结构并没有带来银行业的稳定，反而引致了整个银行体系的脆弱性。

市场竞争结构与金融脆弱性之间的关系对于正在发育中的我国金融市场具有现实的意义。改革开放以来，我国金融体制改革取得了一定的成就，促进了经济的稳健发展。但是我国金融体系目前还不完善，有许多问题需要解决和完善，其中有一点值得我们注意，金融市场组织体系结构不合理、缺乏竞争机制可以说是核心之一，特别是银行体系的竞争氛围还远远不够。我国在过去长期所奉行的金融抑制政策中，资金市场存在着严重的价格扭曲，即贷款利率与存款利率都偏离瓦尔拉均衡利率，银行只要发放贷款、拥有信贷客户就可以得以生存。政府为银行提供隐性担保，在较长的时间内银行不是为了达到利润最大化的目标，而是把经营的着力点放在扩大信贷量，造成不良贷款的增加。对于我国银行业而言，目前垄断格局还未打破，市场准入和退出机制有待建立。

银行监管者的目标是建立一个能同时促进经济效率与稳定的银行体系。传统的观点认为效率与稳定之间存在如下的交替关系：竞争可以提升效率因而有助于增长，但是市场力量对于系统的稳定却是必须的。完全竞争市场以最低的价格最大化可得的信贷数量，这提高了分配的效率。但是，与市场力量相关的高度特许权价值通过增加破产的机会成本而减少银行从事风险投资的激励，而且，拥有一定市场力量的银行部门可能有较高的激励去甄别贷款，这促进了贷款组合的质量。因此，市场力量能在一定程度上激励银行的稳健经营。

稳定是政策制定者的一个重要目标，但不应该是唯一的，高效的金融系统对于经济增长以及消除贫困至关重要（Beck et al.，2000、2007）。金融系统的熊彼特竞争（创新带来的竞争）可能导致单个银行的倒闭，但是却有助于系统整体效率的提升（Allen and Gale，2004）。越来越多的实证研究证实竞争本身并不会增加系统的脆弱性，而从另一个角度，与其他行业相比，银行业本质上更容易形成集中的局面。因此，最优的监管政策不是消除市场力量或者竞争，而是实行严格的市场退出政策，通过促进竞争来提升经营效率，以更低的价格为社会提供优质的金融服务，充分发挥银行系统优化资源配置的职能，以促进经济增长和增加就业。与此同时，通过审慎的准入政策控制银行的数量，优化市场结构，借助市场力量赋予的特许权价值来刺激银行的稳健经营。简言之，政策制定者应该在促进竞争与保持集中之间取得平衡，努力构建一个如下的市场环境：促进竞争行为，从而将市场力量的潜在成本最小化，同时获得残留的市场力量的收益。

根据上述分析结果，可以得出以下认识：

　　第一，竞争与稳定是银行业发展所追求的两个不可分割的目标。近年来我国银行业市场改革采取的一系列措施，包括允许外资银行的进入、鼓励中小规模银行的设立，以及国有商业银行的上市等都是为了提升银行业市场竞争程度，提高银行业效率，改进银行业服务质量，近年来伴随着银行业市场集中度的下降，市场竞争程度逐步上升。但是也要注意，要保持银行业竞争的有效性，维持银行业的稳定，就必须建立起良好的法律环境和有助于金融机构成长的制度环境，包括监管措施的改进以及提高信息的透明度等。

　　第二，有步骤、分阶段、循序渐进的市场结构变动是确保银行竞争和稳定的重要保障。我国银行业市场对外资银行逐步开放的过程，也是中资银行抓紧机遇学习和调整的过程；同时，国内中小规模银行的设立，也是逐步放松市场准入、业务范围和价格等方面限制的过程。我国银行业的稳步改革和市场结构的渐进变化是我国银行业保持稳定的重要前提，也是我国社会经济改革进程中的宝贵经验，为我国银行业进一步的改革提供了借鉴。

　　第三，现阶段我国银行业市场竞争的主体还是国有商业银行和全国性股份制商业银行，此类银行的稳定关系到我国金融市场整体的稳定和国家经济安全，而此类银行的竞争能力关系到我国金融业在国际市场中的地位。在经济全球化的背景下，随着资本账户开放程度的提高、人民币汇率形成市场化机制的强化以及利率市场化进程的加速，银行业竞争将面临新的环境以及稳定的压力和难度。

第六章
竞争政策与我国银行业竞争力的提高

通过前面章节的分析，可以得知中国银行业存在高度垄断结构，因而引起了竞争不足、行为扭曲、经营效率和配置效率低下，潜伏着不稳定的因素。这些问题在开放及市场经济深入发展的情况下显得难以为继了，因此，本章将从竞争政策角度和产权改革角度提出相关的政策建议。

第一节　竞争政策及对银行业的适用性

一、竞争政策的定义

有效的市场竞争不是给定的，是在制度安排加以保护条件下，通过市场主体的竞争而形成的。为保护市场竞争，国家权力机构制定法律或政策对市场进行干预，竞争法或竞争政策就应运而生。

竞争政策包括了竞争法，竞争政策范围更大，它是指政府使用的用于影响支配市场竞争条件的一系列政策措施和工具，包含国有企业私有化、放松管制、削减企业特殊补贴和减少歧视外国产品或外国厂商的政策等。类似地，世界贸易组织认为，竞争政策的概念包括竞争法和其他旨在促进国家经济中的竞争的相关措施，如部门管制和私有化政策（傅军、张颖，2004）。联合国贸易发展会议对竞争政策的定义更为宽泛，认为广义的竞争政策应包括与市场竞争相关的所有政策，包括贸易政策、调控政策和政府为处理私营或公共企业的反竞争措施所采取的各项政策（傅军、张颖，2004）。

广义的竞争政策（包括竞争法）可以理解为国家权力机构旨在保护和加强市场竞争的纵向的、非市场的制度安排。在这种平行制度安排中，人（企业）与人（企业）之间的关系是平等的，任何一个人（企业）都不能强迫其他人（企业）按照自己的意愿行事。相比之下，政策或法律作为纵向的、非市场的制度安排都具有上下等级性、强制性或胁迫性。竞争政策的作用在于从纵向制度安排上来决定平行市场制度安排中企业之间竞争与合作的混合比例，对企业之间竞争的强度和合作的范围进行管理。

基于完全竞争理论，竞争政策的目标是保护竞争或经济自由以达到经济效益的最大化，即保护个人或企业市场竞争过程和参与商业的权利。其逻辑是，竞争过程会导致资源的有效分配，它是一种自我修正的机制，如果暂时出现不完善，只需偶然的外力干预。在不完美的现实中，竞争政策作为理想与现实的桥梁，其目标应基于次优理论的思想，即允许不完善作为一种均衡存在，而不是消除它们。基于这种考虑，克拉克提出了"可行竞争"的思想。以此为开始，在 20 世纪 40～50 年代期间，西方学者对可行竞争展开了大量研究，并提出了衡量"可行竞争"的标准。一般来说，他们认为"可行竞争"的市场结构应具有下述特征：（1）市场上企业的数量至少达到规模经济的要求；（2）市场上不存在人为设置的进出市场壁垒和流动性障碍；（3）产品存在一定的差异，并且对价格变化敏感。由于可行竞争的市场结构特征比完全竞争的市场更接近现实，因此，越来越多的国家将"可行竞争"作为其竞争的目标。例如，以完全竞争作为参照，欧盟的竞争政策更贴近"可行竞争"，其目标是"保护和促进共同市场内的有效竞争"。

总体而言，虽然各国的偏重不一，但是，各国的竞争政策或多或少都包含以下三个基本目标：（1）维护自由和公平的市场竞争机制；（2）促进生产和配置效率的提高；（3）最终增加消费者福利。

二、竞争政策的特点

1. 竞争政策将企业垄断行为作其限制乃至消除的主要任务，产业政策则反其道行之：鼓励企业联合，认为适当的集中和垄断可以创造出"规模经济"的效益。积极实施产业结构政策的国家认为，大企业在国际竞争中更有竞争力，因而对企业的垄断行为予以鼓励。

2. 竞争政策对不同企业施行市场分享和固定价格的行为进行管束，因为此类企业的勾结不利于市场竞争。与此相反，产业结构政策的设计者则认为，企业间的这种行为，有助于一国产业的总体发展，因为这种行为减少彼此竞争，避免造成"双输"的结果。

3. 竞争政策不主张政府通过财政政策资助具体企业、企业的研究与开发的行为等干预行为，认为这些行为导致了不公平竞争。与此相反，产业结构政策设计者则将政府对具体产业乃至企业研发等活动的资助，视为必不可少的手段。

三、竞争政策引入银行业

（一）实行银行业竞争政策的必要性

改革以来，我国金融机构多元化趋势不断加强，非银行金融机构适应金融需求的多样化迅速崛起，新兴的股份制商业银行有较灵活的经营机制。于是，如何为各金融机构创造一个公平的竞争环境，如何合理界定它们各自在金融体系中的适当位置，使其充分发挥各自的潜能和优势，以形成我国合理的金融结构，就成为必须由银行业竞争政策加以解决的问题。

1. 规范各金融机构行为和提高融资效率的需要。虽然金融机构多元化有所发展，但是目前我国基本的银行业格局仍表现为国有银行依靠行政力量维持垄断结构和控制全国绝大部分金融资产（第二章中有论述），其信贷资金使用的低效益使整个社会的融资效率极其低下。为提高融资效率，就需要促进竞争，竞争必须是规范、有序、公平的，因而就要有一套完善的竞争政策加以指导和规范。

竞争政策是市场经济条件下政府的基本政策之一，具有其他政策无法比拟的激励和抑制功能，它一方面通过一系列保护性措施，促进市场秩序化、规范化，使参加者具有平等的竞争机会，并因此激励其在法规允许的框架内发挥自己最大的潜能；另一方面，又通过一系列具有警告性、惩罚性的规定和措施，消除有损于市场效率的现象。

2. 实现银行业平稳转轨的需要。目前，国有商业银行在我国金融体系中仍处于垄断地位，制定银行业的竞争政策必须解决如下问题：如何以适当方式逐渐打破垄断，使商业银行在平等竞争的规则下有序竞争，并增强竞争力；如何避免因不规范竞争引起金融秩序混乱，而为银行改革与发展造成新的障碍；如何减少银行支付危机、破产倒闭发生而引起金融以至社会经济震荡的可能。

（二）银行业竞争政策的特殊性

即使在美国，普通竞争法远在银行法颁布之前引入，但是一些竞争法直到 20 世纪 60 年代才引入银行业。在那之前，银行活动没有被视为商业活动形式，因而不受一般竞争法限制。

银行体系具有特殊性，在资产方，根据传统的观点，银行具有评估企业项目可行性和获利的能力，基于此生产的信息，将款项贷给企业。在负债方，它们资金来源于短期的存款，而贷给企业的款项往往是长期的，由此造成资产方和负债方期限错配，银行要向存款者提供资金的流动性服务，在没有存款保险的条件下，银行易受到存款人挤兑的风险。银行业是个特殊的行业，银行的行为深受政府的金融和货币政策的影响，尤其受央行和银行监管部门所采取的政策的影响。

虽然银行稳定问题经常受到学者的分析和探讨，但是，对银行竞争和银行业反垄断政策研究却比较少。一般来说，竞争政策主要对付下列三种企业行为：卡特尔、滥用市场势力和兼并。卡特尔指企业间达成行动一致，阻碍、限制或破坏竞争。滥用优势地位是指市场上占优势地位的企业的反竞争行为。

独立于竞争者和客户，他们对企业的行为几乎无反应。合并是指当先前两个独立的公司合并，或一家企业控制了另外一个企业。如果合并增强市场势力，是被禁止的。

一个重要的问题是在多大程度上竞争政策应用于银行业。上述的稳定性问题给银行业带来的特殊性及相关的对银行的管制和安全措施，是否会带来银行业竞争和竞争政策与其他产业的不同，这个问题是值得研究的。大多数国家竞争政策是在现有的管制框架下制定的，而且它应用于银行业并不是这么直接。

四、金融功能观点促进银行竞争政策

在当代金融理论研究中，金融功能观点的提出，被认为是对传统金融机构理论思想的一大突破。传统的研究方法，侧重于从机构的角度分别给出银行、信托、证券、保险等不同机构的不同服务功能，设计相应的管理制度。这种机构观点，反映金融业内部不断裂变细化的发展过程，体现金融制度演进和变迁的规范要求。但缺点是把功能与机构等同，所给出的金融服务功能比较传统，没有反映现代金融业变革的要求。

金融服务功能的观点不重视机构的区别，而强调发挥金融机构的基本服务功能作用，认为机构随时间和空间的改变而发生变化，而金融功能具有同质性和稳定性，主张从功能的观点出发，对金融机构进行改革和重组。这种基本功能概括起来就是：支付、集聚资金、配置资源、管理风险、提供价格信息和解决激励问题的方法等[1]。这是对现代金融机构服务功能的新认识新表述，对实行银行竞争政策有重要促进作用。

从社会经济运行和发展对金融体系的要求出发，考察金融服务功能，揭

---

[1] 有关文献可参阅：Dwight B. Crane，Zvi Bodie. Form follows function：The transformation of banking. Massachusetts：Harvard Business Review，3~4（1996）；Zvi Bodi，Robert C. Arton《金融学》，中国人民大学出版社 2000 年版；刘锡良译，哈维尔·弗雷克斯，让·夏尔·罗歇的《微观银行学》（西南财经大学出版社 2000 年版）一书把当代银行职能分成四类，即提供支付系统、资产转换、风险管理以及信息处理和监督借款人。

示金融功能同质性的特点，证明银行竞争的必然性。银行同质性的含义是，银行经营金融业务，其满足社会经济的效用性质是相同的，许多信用工具和经营方式也是相同的①。

在其他完全市场竞争假设的条件都具备的前提下，银行业是一个最具替代性的竞争行业。不但金融业内种类机构之间可以相互进入和替代，而且非金融机构也可以较容易进入银行领域。因为银行业不像实体经济受到生产技术和固定资产投资的限制，它所需要的是社会信用与管理风险的技术知识。因此，"入世"后我国银行业的竞争必然更加激烈。

突破金融是融通资金的传统观念，吸收当代金融理论研究和实践的新成果，提出不少新的功能观点。比如风险管理功能，当代的观点认为，风险概念是银行执业的核心②，银行和金融机构就是管理风险，提出吸收、调解风险和提供有关风险的咨询意见以取得报酬的三种关键的技能或特性。对银行和金融机构来说，不是有没有风险，甚至也不是风险大小的问题，而是这种风险与效率、与发展机会是否对称，有无承受和化解这种风险的实际能力。银行比其他金融机构更具有管理风险的条件，可以利用信息优势，运用各种信用手段对借款人进行选择和监督，为有效率的交易行为消除障碍。在原来的支付、存贷等传统功能的基础上进一步扩展新的服务功能，反映社会经济发展对银行和金融业更新更高的要求。

从功能同质性的理论观点引出的政策结论是反对管制和垄断，鼓励自由竞争。在经济全球化、市场化、网络化和重组化的发展趋势面前，反对垄断和管制成为各国经济金融发展的主要政策。美国银行业从 1932 年银行法实施

----

① 银行经营什么？传统的定义是吸收公众存款、发放贷款和办理结算业务。但美国已允许银行从事所有金融业务活动，具体分：（A）借贷、汇兑、转账调拨、为他人投资，货币或有价证券的安全保管；（B）在各州为预防损失、伤害、损害、疾病、残废、死亡而提供的保险、担保或赔偿业务，提供或发放养老年金，并充当上述业务的委托人、代理人或经纪人；（C）提供金融服务、投资服务或经济咨询服务；（D）发行或出售代表银行可以直接持有的资产集合基金利息的金融工具；（E）证券承销、证券交易或充当做市商；（F）从事以条例或命令确认的、与银行业或对银行的管理或控制密切相关的业务。参见黄毅、杜要忠译：《美国金融服务现代化法案》，中国金融出版社 2000 年版。

② 法国学者从时间和空间角度提出银行的出纳、兑换、资金供应和风险控制等功能，并把银行本身的风险分为资金不动用的风险和无清偿能力的风险。参见李黎鸣、陈淑仁译，布鲁诺·莫谢托、让·卢西咏：《银行及其职能》，商务印书馆 1998 年版。

以来，尽管几次修改提案未获国会通过，但事实上一直在做着各种变革①，希望通过放宽对银行和金融的管制，提高美国银行和金融业的国际竞争力。1991 年布什政府提议允许证券公司和投资机构办理银行业务。《金融服务现代化法案》结束了《格拉斯—斯蒂格尔法》的历史，将金融业改革和发展中效率与竞争的法律理念作为法律制度的指导思想，在金融发展史上实现了由 20 世纪 30 年代的规范金融交易行为到重视对金融机构的风险管理和防范，再到放松金融管制以法律制度促进金融业的跨业经营和竞争的转变。金融功能的观点反映这些变革的实践要求。

总之，从金融功能观点引出银行服务功能的同质性，其政策含义是反对管制、保护和垄断。

第二节　提高我国银行业竞争力的途径：产权改革抑或结构改革

一种观点认为银行产权结构对效率有显著影响，依据传统产权论和资本市场监督这一环境压力的理论来论述私营商业银行相对国有银行和合作银行更有效率。另一种观点是银行产权结构对效率没有多大影响：一些学者认为，非私营商业银行也存在债权人抽回资金、经理人市场竞争、经营者面临随时可能的来自替代者的威胁等环境压力，因此，私营商业银行不会比非私营商业银行有效；另一些学者则依据超产权论和哈佛学派的 SCP 范式来论证竞争的重要性，认为产权结构对银行效率没有显著影响。

传统的产权理论认为，私有企业的产权所有者对企业有剩余索取权，而且这个所有者具有真正的人格化代表，因此，所有者有激励监督经营者的强

---

① 艾伦·加特的《管制、放松与重新管制》一书，对美国银行管制的历史做了比较详细的回顾和分析。银行业结构变化的六个方面是：资产和负债的改变，获利能力的趋势，银行资产及净收益率，美国银行业市场外国银行的竞争，从关系银行业务向价格银行业务转换，银行业在证券化中的作用。从一定意义上说，这些变化既是管制的结果，也是金融业竞争的产物。参见该书第 10 章，第 237～266 页，经济科学出版社 1999 年版。

烈动机。即使采取所有权和经营权相分离的委托—代理关系，其委托—代理链也是较短的（通常是股东—董事会—经理），这就有利于克服信息不对称，从而有利于股东监督。相比之下，产权学者的理论逻辑是：产权—治理机制—效率。国有商业银行却普遍存在着所有者缺位（或称缺乏真正的人格化代表）、委托—代理链较长等问题，在产权多元化的过程中，国有商业银行的激励机制和监督机制都会改善，促使国有银行的治理机制作出相应的调整，使之更能适应市场竞争，这最终表现为效率的提高。

然而，产权不是影响效率的唯一变量。超产权论者的观点（刘芍佳，1998）是：不管银行的产权归属于谁，竞争激烈市场迫使每个银行为了生存不得不持续改善治理机制。即，经过长期充分竞争能生存下来的银行，表明其具有与市场竞争相适应的治理机制。可见，超产权论者的理论逻辑是：竞争—治理机制—效率。

我们认为，市场竞争是企业发展永恒的外在驱动力，市场竞争的结果最终会选择那些具有比较优势的产权结构，产权结构又决定了治理结构。但在产权没有或不能改革前，市场竞争也能通过影响治理结构进而影响效率，其作用机理如图 6.1 所示。

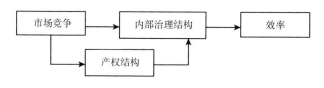

图 6.1　市场竞争作用机理

我国银行业市场结构的现状也可以直观地验证上述的观点。在一个银行数目众多、竞争激烈的发达城市，如上海、深圳等地，国有银行的分支机构为了生存也在不断改善金融服务、进行金融创新，因而那里国有银行的效率要比缺乏竞争的地区高。可以设想，只要允许竞争"这只看不见的手"的存在，竞争的最终结果必定使生存下来都是有效率的金融机构。

以上我们讨论的是产权、竞争与效率之间的关系，那么，产权、竞争与配置效率的关系又是如何？因为作为金融制度变迁所追求的不仅是个别金融机构激励效率的提高，还包括整体金融资源配置效率的改善。从国有银行来看，如果国有银行产权重组后，风险和收益将内化于自身，因而它肯定有动力去寻找给自己带来最大收益的信贷机会。这样，每一个银行效率的提高便加总为整体金融资源配置效率的改善。

国有银行产权变动后效率的改进并非必然导致配置效率的提高。这是因为配置效率是市场结构的函数，而非所有制的函数，产权改革要提高配置效率就必须同时运用竞争政策以清除市场障碍（王俊豪，1998）。这就是说，在金融产权结构既定的情况下，金融资源的配置效率将取决于在信贷市场上活动的金融组织数量。

在缺乏市场竞争的环境下，经过产权重组后的国有银行将成为信贷市场的个别提供者，它们极有可能从以前的行政垄断走向市场垄断。这是由于当信贷市场上产品提供者数目很少时，它们相互之间达成某种减少资金供给以操作金融资源稀缺程度的协议的交易费用就越低。相比之下，信贷的需求者由于数目庞大，相互之间达成协议因交易费用高昂而不可能，其共同减少信贷需求以降低金融资源价格的努力很难奏效。由于产权改革后，国有银行在信贷市场的讨价还价中取得了优势，因而它们能以较高的利率提供较少的信贷。这种市场垄断显然有损于金融资源的整体配置效率。这可以用图6.2表示。

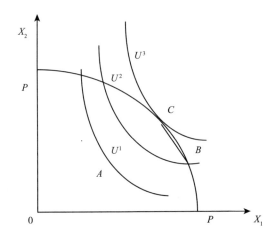

图6.2　市场垄断对金融资源整体配置效率的影响

在图 6.2 中，PP 表示生产可能性曲线，X_1、X_2 表示两种金融资源，U^1、U^2、U^3 代表三组因资源配置效率不同而带来的不同社会效用水平。由于国有银行产权重组后其激励效率得以提高，金融资源配置规模将从生产可能性曲线 PP 内的 A 点扩大到生产可能性曲线上的 B 点，由于 B 点在更高的效用曲线 U^2 上，因而 B 点的效用 U^2 要高于 A 点的 U^1。在 B 点，国有银行自身效用达到最大化，但由于此时金融机构数目较少，产权改革后国有银行仍处在寡占地位，金融资源仍未达到最优配置，因此从 A 点到 B 点只是帕累托改进，而非帕累托最优，U^2 与 U^3 的距离就是社会福利的损失。要从 B 点达到 C 点（该点为生产可能性曲线与社会效用曲线的切点，即为我们追求的帕累托最优点），只有允许信贷市场的自由进入并形成一个竞争性的市场结构才能实现。

上述分析表明，国有银行的产权重组固然能提高效率，但对配置效率的提高却是无能为力的，因为那是自由价格、自由进入和资本市场等因素决定的（杨小凯，1997）。由此引申出的政策含义是，相对于国有银行产权结构的转变与金融控制的放松，其他金融产权形式的发展以及与之相对应的自由进入的信贷市场结构的形成需要先行。

第三节 我国银行业政策效率目标的缺失分析

在我国三十余年的银行法制建设中，相对于稳定目标，效率目标处于极其次要的地位。银行立法设置了银行进入和银行的业务范围进行严格限制以维护银行稳定的目标。

我国银行业政策效率目标的缺失，突出表现在三个方面。

一、银行竞争规则缺失

作为我国银行业基本法的《商业银行法》对竞争规则的直接规定寥寥无几。一是第 9 条规定："商业银行开展业务，应当遵守公平竞争的原则，不得从事不正当竞争。"二是第 12 条第 2 款规定:"中国人民银行审查设立申请时,应当考虑经济发展的需要和银行业竞争的状况。"[①] 显然,这无法适应规范银行市场竞争秩序的起码要求。《商业银行法》要求商业银行合并须经主管当局批准,而银行合并审查的一项核心内容即是反竞争效果评估。那么,主管当局依据什么标准作出批准或不批准的决定呢?反竞争效果达到怎样的程度是不能接受的呢?有关的市场如何界定?市场势力如何界定?均找不到答案,再比如,银行之间的合作协议或联盟一般都会对竞争产生影响,但银行监管没有提供相应的准则。

二、严格的限制性规定导致了竞争抑制和效率抑制

目前国内经济学界和法学界在谈到金融抑制的时候,将注意力主要放在分业经营体制上,认为它是导致金融抑制的主要原因,因而主张以放松甚至放弃对混业的限制作为金融自由化的主要内容。其实,银行管制还有许多内容都在不同程度上影响到银行市场的竞争态势,如市场准入控制、利率和费率限制、资产种类和地域限制、大额风险暴露限制、资本充足率要求、外资银行市场份额限制、所有权及关联所有权限制、存款准备金制度等。

目前,我国银行规管在以下三个方面具有最为突出的竞争抑制效果。

1. 市场准入控制。《商业银行法》规定了商业银行设立的条件和程序,确立了商业银行的设立审批制。据此,设立商业银行的法定条件只是必要条件而非充分条件,一家拟设商业银行即使完全符合法定条件,审批当局也可以根据法律的授权,对申请加以否决。尽管审批制较之登记制,抬高了市场准入的门槛,减少了金融市场竞争者的数量,有抑制竞争的负面影响,但它能够在一定程度上保证金融服务供给与需求之间的匹配,降低劣质金融机构混入市场的可能性,因此,虽有一些国家实施了降低市场准入门槛的做法,但各国迄今仍坚持审批制。

---

① 根据 2003 年 12 月 27 日第十届全国人民代表大会常务委员会第六次会议《关于修改〈中华人民共和国商业银行法〉的决定》的规定,该款内容已改为:"设立商业银行,还应当符合其他审慎性条件。"

2. 分业经营体制。分业经营体制有助于遏制金融机构的监管制度套利行为，有助于减少金融机构的利益冲突行为，有助于降低资金在不同亚市场之间流动可能导致的系统性风险。但是，它造成了内在联系的各个亚部门或亚市场之间的人为分割，减少了亚部门或亚市场之内竞争者的数量，限制了金融机构的生存与发展空间，损害了金融机构开辟盈利渠道和实现多元资产组合的能力。在这种情况下，金融机构资产种类单一，盈利能力受限，抗风险能力受限，背负着沉重的机会成本。根据现行《商业银行法》的规定，商业银行表内业务的资产一方，除贷款一项外可供选择者寥寥可数，由此想提升银行乃至银行体系的盈利能力和竞争实力，几近空谈。

3. 利率非市场化。目前，我国实行严格的存款法定利率，仅允许流动资金贷款利率在一定幅度内浮动。利率是资金的价格，它是对实质经济领域的平均利润率的反映，也受资金供求关系和相关的风险因素影响。利率往往是银行竞争的手段。银行通过进行金融创新、提高管理水平、改善服务质量来获取竞争优势，而利率的管制扭曲了市场竞争，限制了银行在这些方面的动机，如有竞争优势的银行无法提供更低的存款利率和更高的贷款利率。因此，整个银行体系效率的提高就难以实现。

三、政府行为导致严重的竞争扭曲和隐性的不公平竞争

在《商业银行法》中，公平竞争被明确确定为商业银行开展业务活动应当遵循的一项原则。但是，这仅仅表明了立法对显性不公平竞争的否定态度。事实上，在我国，不公平竞争，特别是国有银行与非国有银行、大银行（它们基本上即是国有银行）与中小规模银行之间竞争的不公平问题极其突出。这些隐性的不公平竞争，为银行立法所忽视，甚至可以说是银行立法和有关政府行为促成的结果。

1. 金融服务的政府采购问题。《商业银行法》第 41 条第 2 款规定："经国务院批准的特定贷款项目，国有独资商业银行应当发放贷款。因贷款造成的损失，由国务院采取相应补救措施。具体办法由国务院规定。"这一规定表面上看是赋予国有独资商业银行一项义务，但由于国务院批准

的特定贷款项目，通常都是一些重大项目，加之因贷款造成的损失由国务院补救，因此，承接这样的贷款项目对国有独资商业银行有益无害。可见，这一规定实际上是对国有独资商业银行提供了某种特惠，映射出银行立法的不当倾向。

2. 政府对国有独资商业银行的特殊支持。1998 年 3 月，财政部发行 2700 亿元人民币特别国债，供四大国有独资商业银行认购，所筹资金用于向四大国有独资商业银行注资，以提高其资本充足率。1999 年我国成立四家国有独资的金融资产管理公司，对应收购四大国有独资商业银行的不良资产，而按照 2000 年 11 月国务院《金融资产管理公司条例》第 12 条的规定，金融资产管理公司按照账面价值而非公允价值（即资产经评估后的现值）收购不良贷款，其实质是国有独资商业银行的不良贷款责任，不由自己承担，反倒直接由金融资产管理公司，间接由政府、最终由纳税人承担。尽管四大国有独资商业银行于我国金融的稳定和发展有着重要的系统性意义，它们与政府的特殊关系有着历史和现实的基础，其在 1996 年以前的不良贷款确有特殊成因，但是，政府将公共职能与作为国有独资商业银行唯一股东的身份混为一团，势必破坏市场机制，扭曲竞争。

3. 国有独资商业银行的太大不宜倒地位。"太大不宜倒"（too big to fail）是 1984 年大陆伊利诺斯银行危机之后，美国货币监理署在描述 11 家最大的美国银行时使用的。其含义是，大银行的破产不利于金融系统和整个经济发展稳定，这对政府而言，是无法接受的。其后果是，为了某大银行的继续生存，政府对其提供默示担保。尽管我们在立法和政府相关政策中从未明确宣示"太大不宜倒"或"国有独资商业银行不宜倒"，但国有独资商业银行的特殊市场地位，政府处理国有独资商业银行问题的倾向，已明白无误地向市场发出了意义完全相同的信号，俨然形成了相应的市场心态。这样使得国有独资银行非自身原因而获得一种竞争优势。如果说前述的政府金融服务采购和对国有独资商业银行的特殊支持，构成政府对于国有独资商业银行的显性补贴的话，那么政府对于国有独资商业银行的默示担保，即构成一种隐性补贴。应该说，较之前者，后者对市场竞争机制具有更强的破坏力。

第四节 处理好银行效率与稳定关系的竞争政策取向

目前，中国银行业改革正处紧要关头，面临着一个关键的抉择：是继续保守地坚持稳定至上的价值追求？还是凸显效率目标，谋求效率与安全两者之间的兼容与平衡？我们认为，不选择后者，甚至不能及时地选择后者，极有可能贻误中国银行业的发展。

当今社会，各国国力之竞争，某种意义上也即制度优劣之竞争。20 世纪 70 年代末以来，众多发达国家和新兴市场经济国家竞相推行金融自由化，无非是要营造有利于金融业发展、有利于提升金融效率的竞争环境。政策制定者对金融竞争由限制向鼓励的转变，首先是基于一种认识，即"对于所有部门的产出而言，金融服务都是一个重要的因素，金融服务领域竞争的加强能够导致国民经济整体增长率的提高"，其次是因为"消费者正在通过其他机构（如管制外实体）和国外的机构，寻求取得替代性金融服务或产品的方式，各国要想保护本土的金融服务提供者免受竞争的压力已变得日益困难"（Charles Freedman and Clyde Goodlet，1998）。

加入世界贸易组织以后，根据《服务贸易总协定》以及"入世"承诺，中国对其他成员国的金融服务和金融服务提供者不得以经济需求测试（economic demand test）进行准入或待遇上的限制。为此，我国《商业银行法》经过修订已删除有关经济需求测试的内容。这就意味着，对设立商业银行的申请，只能进行审慎性条件的审查，而不得"考虑经济发展的需要和银行业竞争的状况"。那么，当银行服务供给的调整交由市场、交由利润平均化规律以后，政策制定者对银行市场的效率，对银行业的竞争是否就无能为力了呢？不是。政府作为规则这种公共产品的提供者，有许多事可以做，也有许多事应该做。就我国而言，从银行业的竞争与效率出发，应当着重在四个方面有所作为。

1. 构建银行竞争规则体系。竞争政策是增强银行体系效率的关键工具（Richard J. Herring and Anthony M. Santomero，1999）。竞争压力是最有效的改善管理、鼓励创新和刺激经济增长的激励因素。由于银行的功能具有准公共性，银行的服务具有大众性，因此，适用于普通企业的一般性竞争政策，是否一样适用于银行这种特殊企业，对银行应当实行有限竞争政策还是完全竞争政策，是需要研究和作出取舍的。但无论如何，效率只会得益于有序竞争，而且只能得益于法制基础上的竞争。

在中国现阶段要大力发展中小金融机构，增加中小金融机构的市场份额，更有利于促进金融稳定。同时需要注意的一个问题是，金融市场化改革在完善一国金融体系功能，带来金融深化、金融发展和经济增长的同时，也容易引起该国金融体系的波动甚至使之陷入金融危机。拉丁美洲和东亚许多国家或地区所经历的银行危机和金融危机都表明，在实施金融自由化过程中，各国应尽可能选择一种稳健和可控的实施路径。未来随着我国金融市场化程度的提高，我国金融体系面临的风险会加大，由于中小金融机构抵御风险能力有限，所以我们在提高中小金融机构市场份额的同时，还应保有四大国有商业银行适度垄断的市场地位，使大、中小银行在不同层次上分别服务于我国的经济发展，使我国金融稳定的微观基础更加坚实。

2. 引入银行规管成本收益分析制度。无论是银行规制，还是银行监管，都不能片面强调效率或稳定，甚至以效率牺牲稳定或者以稳定牺牲效率。那么，具体地讲，银行规管制度应如何取舍？效率与稳定之间是否存在均衡？

笔者认为，应当引入成本收益分析制度。成本收益分析本是应用经济学的重要方法。规则制定者在制定一项或一组规则时，监管当局在实施某一项监管行为时，通常都会有意识地或无意识地、精密地或粗略地进行成本或收益的分析并在两者之间进行比较。但是，出于规则制定者和监管者的自觉而进行的成本收益分析，固然有不容否认的价值，但其可以依赖的程度却是值得怀疑的。引入成本收益分析制度，并非简单地向规则制定者推荐成本收益分析这样一种手段或方法，更重要的是，要让成本收益分析成为由法律确立的一个制度，成为规则制定者必须履行的一项义务，成为规则制定的一个必经程序。它有助于强化规则制定者的问责性，减少草率制定的、不当的规则发生现实损害的可能。

"如果要求规则制定者对每一项新规则通过认真的成本收益分析证明其合

理性，效率将可能得到提高。这应当成为所有规则制定过程的基本构成部分。"（Richard J. Herring and Anthony M. Santomero，1999）这一点上英国堪称典范。英国《2000 年金融服务与市场法》赋予了金融服务局若干制定规则的权力，包括制定和发布行为准则、市场滥用指引、经营指令等。引人注目的是，该法无一例外地要求金融服务局在行使规则制定权的时候，要履行成本收益分析的义务，并且成本收益分析报告必须作为有关规则征求意见稿的附件向社会公开披露。对此，英国金融服务局表示："我们必须考虑规制的成本能否从其收益中得到合理性的支撑。"

无疑，规则对竞争和效率的影响，应当成为银行规制成本收益分析的重要内容。规则可能促进竞争、提升效率，可计入收益；规则也可能限制竞争，压抑效率，则应计为成本。规则在竞争和效率方面的收益，必然在其他方面产生相应的成本；反之，规则在竞争和效率方面的成本，必然在其他方面存在相应的收益。假如一项规则总成本明显地大于总收益，至少在理论上它不具有存在价值。

不过，科学的制度设计，往往能够在很大程度上改变成本与收益之间的对比关系。规则制定者完全有可能在不减损收益或不导致收益明显减损的前提下，通过替代方案来降低成本。比如商业银行的经营范围，我国《商业银行法》采取了积极列举（允许商业银行经营的业务）和消极列举（禁止商业银行经营的业务）并用的方法。消极列举是刚性的，至少从立法上看是这样；而积极列举则留有一定弹性，因为除明确列举的业务之外，商业银行还可以经营经主管当局批准的其他业务。试想，如果立法在消极列举之外，不详细列举允许商业银行经营的业务种类，保留主管当局业务种类的审批权，商业银行进行金融产品创新的空间是否更大一些呢？商业银行凭借业务创新赢得竞争优势的动机是否会更加强烈一些呢？主管当局鼓励和支持有益的金融产品创新的余地是否更宽一些呢？这样不仅不会影响业务范围限制的预期收益，反而会减少相应的机会成本，实现创新和竞争带来的收益。我国银行法价值取向上的失衡，具体表现为银行规制在成本与收益关系上的失衡。一方面，我们过高地估计了各种限制性规定（市场准入限制、业务范围限制、利率限制等）在银行安全保障方面的收益；另一方面，我们忽视了它们对竞争和效率的极其严重的负面影响。对此，笔者的倾向性意见是，以现时条件下的成本收益分析为基础，推行"有管理的金融自由化"。

3. 银行立法和政府行为须秉承竞争中立立场。所谓竞争中立，是指这样一种状态，金融交易的当事人不因规制而享有竞争优势，不同的金融服务提供者不因规制而享有竞争优势。换言之，竞争中立即是立法和政府要致力于构建市场参与者之间的公平竞技场，避免在本土银行与外资银行、大银行与中小银行、国有银行与非国有银行之间出现制度性的竞争扭曲（制度性竞争扭曲是指在竞争者自身因素之外，制度因素影响甚至改变其竞争地位）。银行立法和政府竞争中立的程度，直接关系到银行市场竞争的秩序和效率，从长远角度看，也关系到银行业的安全。为此，1998 年的《澳大利亚审慎监管局法》第 8 条第（2）项要求澳大利亚审慎监管局在制定规则和有关政策时，谋求金融安全、效率、竞争、竞争中立性等各个目标间的平衡。

通常，银行立法会确立公平竞争的基本原则，政府也会宣称严守竞争中立的立场。但是，立法者在设计具体制度时，政府在具体执行的过程中，却常常不经意地甚至是人为地走向了它的反面。银行规制的许多方面在深层次上都会引起市场参与者不同的竞争待遇。比如，在实行存款保险制度的国家中，很少采用风险加权保费制，这种保险费高低与投保银行风险状况缺乏关联的存款保险制度本身就是非竞争中立的。银行市场退出渠道的封闭、政府运用公共资源支持问题银行特别是重点支持部分银行、监管当局的监管宽容特别是对部分银行的特别宽容，都会产生扭曲竞争的不利后果。

在我国，银行立法和政府几乎是公开地偏离竞争中立立场。这种现象虽然也存在于本土银行与外资银行、大银行与中小银行之间，但最集中、最突出的还是反映在国有银行与非国有银行之间。对此，需要解决观念上的问题。从大的方面讲，竞争的非中立不利于培育健康的金融市场，不利于市场机制正常运行；在小的方面，从竞争非中立中获利的市场一方，只能获得短期的利益，在长期它们的利益最终也会受损，因为政府保护导致它们缺乏创新和改革的动机，对市场的反应必然变得不灵敏，银行的竞争力必然弱化。

　　竞争中立，特别是在国有银行与非国有银行之间实现真正意义上的公平竞争，是事关我国整个银行架构的带有全局性影响的根本问题。国际货币基金组织和世界银行组建的专家小组在调研多个国家实施《银行业有效监管的核心原则》的情况后，特别指出："在过去的若干年中，与国有银行相关的风险和问题日益引起人们的注意。在许多成员国，对国有或国家控制银行问题的长期忽视，正在导致严重的准财政和信用分配问题。它们常常在优先的监管体制下经营，因而扭曲了竞争，隐蔽了亏损。"这对我国正在酝酿的金融改革，应当起到一定的警示和促导作用。

　　4. 处理好银行业稳定与效率之间的关系。转型经济中存在着银行不稳定和银行体系效率低的双重问题，银行体系不稳定部分是由国有企业的不良贷款造成的，部分是由贷款给新兴企业的内在风险造成的，而政府对国有企业的补贴使得银行信贷配置效率低下。其实政府补贴本是为了防止银行倒闭及国企亏损，即使贷款给新兴企业的效率高，银行处于风险的考虑也不愿向其贷款。为了使这些新兴企业能得到融资，新兴银行进入银行体系是必要的，实际上，银行体系的稳定并不是目的，银行体系福利最大化才是重要的，而银行监管部门一方面想通过提高银行最低资本要求来提高银行的稳定性，另一方面想鼓励新银行进入以促使银行业之间的竞争，进而提高银行信贷配给效率，通过新兴银行向新兴企业贷款融资，当然这些企业的贷款风险很高，新银行的倒闭是不可避免的，也不易成长。可见，要同时取得银行体系的稳定目标和效率目标是相当困难的。

　　发达国家的监管部门可同时取得银行体系的稳定性和效率双重目标，而转型经济国家为了提高金融效率，在短期内必须以一定的银行不稳定为代价。根据模型的假设，银行监管部门的责任是维护银行体系的福利最大化，在稳定性与效率之间进行选择。如果银行监管部门鼓励新银行的成立以及外资银行进入银行体系，虽然引起了个别银行的倒闭，但由于银行体系不稳定性增加带来的福利损失小于银行体系信贷配给效率提高带来的福利增加，因此，监管部门没有必要为了提高银行体系的稳定性而作出限制新银行进入的决定，进而牺牲银行业效率。根据我们以上分析，银行监管部门放松市场准入政策，打破国有银行垄断局面，形成强有力的银行退出机制，将经营不稳健以及无效率的银行逐出银行体系，避免多诺骨牌效应发生，对银行体系来说并不是不稳定，反而从长远看是银行体系的稳定和安全，对整个社会来讲也是有效率的。归根结底，取消政府对国有企业的补贴，是提高银行信贷配给效率的关键，从而也能增加整个社会福利。

第七章
结论与展望

第一节　结　论

　　银行竞争、效率与稳定的关系是银行业产业组织研究的基础，对一国银行业的发展也是至关重要的，并且是一国实施银行业政策的理论依据。本书从竞争、效率与稳定的关系的理论基础上，探讨了银行业竞争与银行效率、银行业竞争与银行稳定的关系，通过对我国银行业竞争、效率促进与市场稳定进行实证分析，评价我国现有银行业政策，并对我国银行业竞争政策的制定和实施提供建议。

　　本书的创新之处有：将产业组织理论引入银行业竞争问题分析中，由于银行业市场稳定对银行业的特殊性，将银行业稳定纳入分析的框架，即竞争态势和市场行为影响经营效率、配置效率和银行业稳定性；本书既考虑了银行微观的经营效率，又考虑了银行宏观的资金配置效率。本书通过实证分析发现，我国商业银行的经营效率和资金配置效率都处于低水平，我国银行业改革并没有达到预期的结果。

　　从本书的研究中，得出以下五点结论。

　　1.总体来看，我国银行市场结构正在经历从高度垄断到竞争程度不断增强的变迁过程，但是，我国四大国有银行仍然在我国银行业占据市场主导地位，国有银行的垄断优势依然存在，在各项指标上仍具有其他所有制性质的银行所不可比拟的优势，而且可能短期内这一局面难以打破。而且，尤其需要指出的是，我国银行高度集中的市场结构不是通过市场自由竞争机制自发形成的，而是政府主导下高度集中的计划经济体制的产物。

2. 我国商业银行的盈利能力受银行内部经营因素的较大影响。银行存贷比率指标的增加会降低银行的绩效；银行权益资产率提高会提升银行的 ROA 和 ROR 指标，降低银行的 ROE 指标；银行人均费用率指标的减少，可以显著地提高我国银行的绩效指标；在多元化程度上表现越突出的商业银行，则会获得越高的收益水平；银行的资产信贷比率只能对银行 ROA 绩效指标有正面促进作用；随着银行的贷款损失准备比率的降低，银行可以获得更高的收益；中短期内，银行所有权性质变量对银行绩效的提高有一些正面影响，但并不十分显著，没有找到银行所有权变量对银行绩效有非常显著促进作用的证据；资本费用率对我国银行绩效有正向显著的促进作用；资金成本率、银行的规模指标对我国银行绩效有负向显著的阻碍作用。

3. 外部风险控制不能代替银行内部风险控制。也就是说，即使存在存款保险制度，银行要想在市场竞争中胜出，还必须进行严格的内部风险控制。银行的道德风险可能导致竞争失利。即无论采取固定费率存款保险制度还是风险调整存款保险制度，选择高贷款利率的银行（即进取型银行）有可能存在较低的经营利润。因此，未来我国即使建立了存款保险制度，监管部门也决不能放松对商业银行内部风险控制执行情况的监督。风险调整存款保险制度与固定费率存款保险制度相比，会弱化道德风险，但无法完全避免。即存款保险制度的建立绝不是一劳永逸的事情，不可认为存款保险制度能规避所有风险。

4. 竞争与稳定是银行业发展所追求的两个不可分割的目标。近年来我国银行业市场改革采取的一系列措施，包括允许外资银行的进入、鼓励中小规模银行的设立，以及国有商业银行的上市等都是为了提升银行业市场竞争程度、提高银行业效率、改进银行业服务质量，近年来，伴随着银行业市场集中度的下降，市场竞争程度逐步上升。但是也要注意，要保持银行业竞争的有效性，维持银行业的稳定，就必须建立起良好的法律环境和有助于金融机构成长的制度环境，包括监管措施的改进以及提高信息的透明度等。

5. 有步骤、分阶段、循序渐进的市场结构变动是确保银行竞争和稳定的重要保障。我国银行业市场对外资银行逐步开放的过程，也是中资银行抓紧机遇学习和调整的过程；同时，国内中小规模银行的设立，也是逐步放松市场准入、业务范围和价格等方面限制的过程。我国银行业的稳步改革和市场结构的渐进变化是我国银行业保持稳定的重要前提，也是我国社会经济改革进程中的宝贵经验，为我国银行业进一步的改革提供了借鉴。

本书的政策建议如下：

1. 对国有商业银行实施产权改革，通过真正改善公司治理结构，确保银行内效应长期、稳定、持续的增长。以"管理为中心"的银行制度改革收效甚微，之所以如此，关键是在产权制度改革方面一直没有取得任何实质性的进展，公司治理始终没有得到实质性的改善。因此，要从根本上提高国有商业银行的经营绩效，必须对国有银行实施产权改革，真正改善其公司治理结构，进而形成有效的激励机制和内部控制机制，降低经营风险。在实施产权改革的过程中，关键是要引入满足"参与约束和激励相容"准则的合格的投资主体，如境外投资主体、民营经济实体等；而不能简单地等同上市或引入多个国有法人股东，其原因是，分散的股东没有能力也没有积极性关心公司治理，引入其他国有法人股等于是董事会中多了几个国家代表，并无助于公司治理的改善（易纲、赵先信，2002）。

2. 继续放宽行业进入限制，通过设立更多的新银行，促进市场竞争，放大正的市场份额效应。长期以来国有银行效率低，行为不规范，除了缺乏一个界定明晰的产权制度外，另一个重要原因是我国金融领域还没有形成一个公平有效的竞争环境。没有竞争就没有效率，没有竞争就必然产生惰性甚至导致设租、寻租的生成。可以肯定的是，现阶段国有商业银行的办事效率、服务质量较以前之所以有一定程度提高，关键就在于竞争对手增加，国有商业银行既有压力也有动力。同时，在国有商业银行重组机构、收缩营运规模的情况下，规模小的新银行可以给众多的中小企业提供各种金融服务，解决中小企业融资难的问题。

因此，我们建议，监管部门在放松银行业进入管制时，应更多地允许具有区域关系型借贷优势并符合条件的民间金融机构进入银行业，而不是鼓励无关系型借贷优势的大型企业进入银行业。这就可以在放松银行业进入管制的同时，遏止银行竞争度上升带来的银行风险。

3. 扩大银行业的经营领域，逐步实施金融业的混业经营，最终成为全能银行。目前，我国银行业的总体盈利能力较低，原因之一是长期以来我国银行业的经营领域受到严格限制，银行的收入绝大部分来源于贷款利息收入，除部分国债投资收入外，证券承销、投资等投资银行业务收入为零，也在一定程度上限制了中国银行业的资产创利能力。诚然，目前我国银行业、证券业实行分业经营受到人民银行监管水平和商业银行自律机制、风险控制能力等多种因素的制约，但从国际金融业的实践和发展趋势来看，贷款与投资构成了商业银行的两大资产业务，是银行资金运用的最主要途径和收入的最主要来源。全能银行是我国银行业的必然选择，分业经营必然不利于我国商业银行竞争力的提高。因此，应根据市场体系的发育状况、宏观监管水平和商业银行管理风险的能力，择机逐步取消分业经营的限制。

4. 对于我国银行业改革而言，除了竞争主体、产权结构等方面的改革以外，更主要的是资金价格市场化的改革，也就是利率市场化问题，促进存贷款利率的竞争。但我国利率市场化是渐进的，在近期保持存贷款利率管制可能有其存在的理由，这是因为利率管制可以在一定程度上同时发挥价格管制和质量管制的作用，一是贷款利率上限管理有助于部分抵消垄断造成的信贷市场失衡问题；二是存款利率上限管理能在客观上起到促进金融机构提高金融产品与服务质量的作用（陆磊，2001）。中国政府正是通过控制存贷款利率并辅之以限制竞争与限制资产替代等一系列金融约束政策，为国有金融机构及国有企业创造了"特许权价值"的租金机会，维持了国有金融机构与国有企业的垄断地位，其最终结果必然造成整个国有银行体系组织规模臃肿、重复建设和金融资源低效率运行（王国松，2001）。伴随着金融市场的对外开放，那种试图依赖限制竞争政策及限制替代政策保护银行"特许权价值"和通过存贷款利率政策为银行创造"租金机会"势必将失去其制度基础和市场基础，金融约束转向利率市场化是历史的必然。

贷款市场的竞争行为还有待于规范，当务之急，我们应改善利率市场化和竞争行为的外部环境，以提高银行资金配置效率和企业效率，防范银行借贷风险，提高银行体系乃至金融体系的稳定性，减弱金融脆弱性，保障金融安全和促进银行业的可持续发展。为此，应创造利率市场化和利率竞争行为的微观经济条件，建立商业银行的自我约束、自负盈亏、自我发展的机制，加强与其他宏观经济政策的协调配合，同时要加大中央银行对市场化利率及利率竞争行为的监管，关键是对市场利率竞争行为秩序与市场利率总水平的监管，当然商业银行的自律组织作用也不可忽视。

第二节　研究展望

本书只是在产业组织框架下对银行业市场结构、效率与稳定的尝试性研究，无论是研究方法、研究视角和研究结论上都还相当粗浅，只是对该领域的一个初步性的研究成果。对以下问题还要展开进一步的研究。

一、考察监管政策的影响

本书出于聚焦研究重点和简化理论分析的目的，在对存、贷款市场竞争风险效应展开分析时，有意识地忽略了监管政策的影响。这一做法在同领域研究文献中并不罕见。但同时引入监管要素对问题进行阐释也是研究领域中一个历史悠久的传统。所有制管制通过激励约束机制影响银行组织的产权结构、治理结构和内部控制市场准入、退出管制影响市场结构和收入结构，利率管制和信贷控制影响利率和信贷规模。因此，管制因素涉及银行经营的各个方面，对银行经营的盈利性、流动性和安全性都会产生影响。本书没有对管制因素作深入研究，只是在部分章节提及银行管制对于市场结构和规模经济的影响，该领域理论研究已经比较丰富，但是国内实证研究非常少，因此，将管制因素纳入实证分析模型进行量化分析是本书进一步研究的方向之一。

二、样市收集和实证方法有待于进一步完善

在样本收集方面,本书数据主要来源于数据库,另外少量部分数据来自上市银行的年报,本书中在对中国银行业存、贷款市场竞争风险效应进行实证研究时,曾分别使用存款市场 Lerner 指数和标准 Lerner 指数作为市场竞争的度量。这两个方法是目前少数可得的能够对银行个体层面的市场力量或市场竞争压力进行测度的技术。它们虽然具备诸多良好的性质,但其固有的局限性仍不容忽视。后续工作宜继续寻找更为精炼的市场竞争测度方法,或自行构建,或审慎借鉴相关研究的最新成果,为刻画内生于市场主体互动行为的市场结构提供了理论基础。

三、关于银行业最优竞争度的问题有待于做进一步深入研究

作为具有网络与规模效应的特殊行业,银行业一定程度的垄断是经济发展中的必然现象。这其中的关键就在于度的控制。如何通过有效的规制机制将银行业垄断控制在既能具有规模效应和创新动力又能将垄断的负面效应降到社会各利益群体达成妥协的程度,如何通过银行业最优竞争度来激励银行提高经营绩效同时又确保整个金融系统的稳定性,是中国在未来的社会经济发展中必须要解决的问题。因此,对银行业最优竞争度的研究在理论与学术分析上具有很好的研究价值和一定的挑战。

参考文献

［1］陈秀山．现代竞争理论与竞争政策［M］.北京：商务印书馆，1997.

［2］亚当·斯密．国民财富的性质和原因的研究［M］.北京：商务印书馆，1974.

［3］王广谦．经济发展中金融的贡献与效率［M］.北京：中国人民大学出版社，1997.

［4］杨德勇．金融产业组织理论研究［M］.北京：中国金融出版社，2004.

［5］王振山．金融效率论：金融资源优化配置的理论与实践［M］.北京：经济管理出版社，2000.

［6］于良春，鞠源．垄断与竞争：中国银行业的改革与发展［J］.经济研究，1999（8）.

［7］李志赟．银行结构与中小企业融资［J］.经济研究，2002（6）.

［8］张捷．银行信贷配给与中小企业贷款——一个内生化抵押品和企业规模的理论模型［J］.经济研究，2003（7）.

［9］林毅夫，李永军．中小金融机构发展与中小企业融资［J］.经济研究，2001（1）.

［10］赵旭．国有商业银行效率的实证分析［J］.经济科学，2000（6）.

［11］张健华．我国商业银行效率研究的 DEA 方法及 1997～2001 年效率的实证分析［J］.金融研究，2003（3）.

［12］李希义，任若恩．国有商业银行效率变化趋势分析［J］.中国软科

学，2004（1）.

[13] 罗建. 银行体系不稳定性与实体经济关系的实证分析 [J]. 经济理论与经济管理，2003（1）.

[14] 焦瑾璞. 中国银行业竞争力比较 [M]. 北京：中国金融出版社，2002.

[15] 王国红. 论中国银行业的市场结构 [J]. 经济评论，2002（2）.

[16] 刘伟，黄桂田. 银行业的集中、竞争与绩效 [J]. 经济研究，2003（11）.

[17] 于忠，王继翔. 对我国银行业集中度决定因素的实证分析 [J]. 统计研究，2000（5）.

[18] 秦宛顺，欧阳俊. 我国国有独资商业银行的费用与规模偏好 [J]. 金融研究，2002（1）.

[19] 梁媛. 证券市场开放对银行稳定性的影响 [J]. 财经理论与实践，2002（1）.

[20] 陈华，伍志文. 银行体系脆弱性：理论及基于中国的实证分析[J]. 数量经济技术研究，2004（9）.

[21] 刘卫江. 中国银行体系脆弱性问题的实证研究 [J]. 管理世界，2002（7）.

[22] 孙天琦. 金融组织结构研究 [M]. 北京：中国社会科学出版社，2002.

[23] 李健. 国有商业银行改革 [M]. 北京：经济科学出版社，2004.

[24] 哈维尔·弗雷克斯，让·夏尔·罗歇. 《微观银行学》 [M]. 刘锡良译，成都：西南财经大学出版社，2000.

[25] 布鲁诺·莫谢托，让·卢西咏. 银行及其职能 [M]. 李黎鸣、陈淑仁译，北京：商务印书馆，1998.

[26] 艾伦·加特. 管制、放松与重新管制 [M]. 陈雨露译，北京：经济科学出版，1999.

[27] 朱建武，李华晶. 我国中小银行成长分析（1999~2003）机遇、挑战与对策 [J]. 当代经济科学，2004（9）.

［28］高英杰．银行效率问题研究综述［J］．经济学动态，2004（5）．

［29］黄铁军．中国国有商业银行运行机制研究［M］．北京，中国金融出版社，1998．

［30］罗纳德·麦金农．经济发展中的货币与资本［M］．上海：上海三联书店、上海人民出版社，1997．

［31］谈儒勇．中国金融发展理论和中国金融发展［M］．北京：中国经济出版社，2000．

［32］胡炳志．论银行业的有效结构和竞争模式［J］．经济评论，2000（2）．

［33］黄金老．论金融脆弱性［J］．金融研究，2001（3）．

［34］易纲、赵先信．中国的银行竞争：机构扩张、工具创新与产权改革［J］．经济研究，2001（8）．

［35］杨文捷．市场竞争结构与银行稳健［J］．决策借鉴，2000（12）．

［36］胡祖六，郎平．中国的银行体系改革：一次新的长征［J］．国际经济评论，2000（4）．

［37］傅军，张颖．反垄断与竞争政策经济理论、国际经验及对中国的启示［M］．北京：北京大学出版社，2004．

［38］李萱．国有商业银行竞争力比较研究［J］．金融研究，2000（9）．

［39］李元旭．中国国有商业银行与外资银行竞争力比较研究［J］．金融研究，2000（3）．

［40］赵旭．中国银行业市场结构与绩效实证研究［J］．金融研究，2001（3）．

［41］张磊．银行业的市场结构、行为与绩效——从产业组织学角度对银行业进行分析［J］．外国经济与管理，2000（3）．

［42］傅军，张颖．反垄断与竞争政策：经济理论、国际经验及对中国的启示［M］．北京：北京大学出版社，2004．

［43］孙天琦．产业组织结构研究——寡头主导、大中小共生［M］．经济科学出版社，2001．

［44］韩俊．银行体系稳定性研究［M］．北京：中国金融出版社，2000．

［45］黄金老．金融自由化与金融脆弱性［J］．北京：中国城市出版社，2001.

［46］丹尼斯·卡尔顿，杰弗里·佩罗夫．现代产业组织［M］．上海：上海三联书店、上海人民出版社，1998.

［47］张维迎．博弈论与信息经济学［M］．上海：上海三联书店，1996.

［48］刘明志．银行管制的收益和成本［M］．北京：中国金融出版社，2003.

［49］周立．中国各地区金融发展与经济增长［M］．清华大学出版社，2004.

［50］王颖捷．金融产业组织的市场结构［M］．机械工业出版社，2004.

［51］樊纲．发展民间金融与金融体制改革［J］．中国投资，2000（12）.

［52］约翰.G.格利，爱德华.S,肖．金融理论中的货币．［M］．贝多广译，上海：上海三联书店，上海人民出版社，1994.

［53］张杰．金融中介理论发展述评［J］．中国社会科学，2001（6）.

［54］张杰．中国国有金融体制变迁分析［M］．太原：山西人民出版社，1998：72 - 95.

［55］德沃特里庞，泰勒尔．银行监管［M］．石磊，王永钦译，上海：复旦大学出版社，2002.

［56］杨天宇，钟宇平．中国银行业的集中度、竞争度与银行风险［J］．金融研究，2013（01）.

［57］陈雄兵．银行业集中、竞争与稳定的研究述评［J］．国际金融研究，2011（05）.

［58］柯孔林．中国银行业市场竞争结构测度：基于 Bresnahan 范式研究［J］．数理统计与管理，2010（04）.

［59］殷孟波，石琴，梁丹银行业竞争测度模型评述——基于非结构分析视角［J］．金融研究，2009（07）.

［60］李国栋，惠亨玉，肖俊极．中国银行业市场竞争程度及其顺周期性——以勒纳指数为衡量指标的重新考察［J］．财经研究，2009（03）.

［61］李伟，韩立岩．外资银行进入对我国银行业市场竞争度的影响：基

于 Panzar-Rosse 模型的实证研究［J］. 金融研究，2008（05）.

［62］黄隽. 银行竞争与银行数量关系研究——基于韩国、中国和中国台湾的数据［J］. 金融研究，2007（07）.

［63］张健华，王鹏，冯根福. 银行业结构与中国全要素生产率——基于商业银行分省数据和双向距离函数的再检验［J］. 经济研究，2016（11）.

［64］雷震，彭欢. 银行业市场结构与中小企业的生成：来自中国1995～2006 年的证据［J］. 世界经济，2010（3）.

［65］Aldershot，Hants. *Banking regulation and supervision：a comparative study of the UK*［M］. USA and Japan.

［66］Allen，F. and D. Gale. *Comparing Financial Systems*. Cambridge［M］. MA. ：MIT Press，2000：77 – 104.

［67］Allen，F. and D. Gale. "Financial Contagion."［J］. *Journal of Political Economy* 108，2000：1 – 33.

［68］Angelini，P. and Cetorelli，N. "Bank competition and regulatory reform：the case of the Italian banking industry"［J］. *Working Paper Series* WP – 99 – 32，Federal Reserve Bank of Chicago，1999：240 – 286.

［69］Beck，T. ，A. Demirguc-Kunt and V. Maksimovic. "Bank Competition，Financing Obstacles and Access to Credit." *World Bank Policy Research Working Paper* No. 3041，2003.

［70］Benston. G. J. ，1972. Economies of Scale in Financial Institutions［J］. *Journal of Money，Credit and Banking* 4，May.

［71］Berger，A The profit-Structure in Banking-Tests of Market Power and Efficient-Structure Hypothesis［J］. *Journal of Money，Credit and Banking* 27：404 – 31.

［72］Berger，A. and D. Humphrey. "The Dominance of Inefficiencies Over Scale and Product Mix Economies in Banking." *Journal of Monetary Economics* 28，1991：48 – 117.

［73］Berger，A. and T. Hannan. "The Price-Concentration Relationship in Banking."［J］. *Review of Economics and Statistics*，71，1989：291 – 349.

[74] Berger, A. and D. Humphrey. "Efficiency of Financial Institutions: International Survey and Directions for Future Research. " [J] . *European Journal of Operational Research* 98, 1997: 175 – 212.

[75] Berger, A. N. and Humphrey, D. B. Measurement and efficiency issues in commercial banking [J]. In Z. Griliches (Ed.), Measurement issues in the service sectors. Chicago, NBER, 1992: 245 – 279.

[76] Berger, A. N. and L. J. Mester, "Inside the Black Box: What Explains Differences in the Efficiencies of Financial Institutions" [J] . *Journal of Banking and Finance*, 21, 1997: 895 – 947.

[77] Besanko, D. and A. V. Thakor. "Banking Deregulation: Allocational Consequences of Relaxing Entry Barriers. " [J] . *Journal of Banking and Finance* 16, 1992: 909 – 1032.

[78] Bikker, Jacob A. and K. Haaf. "Competition, Concentration and their Relationship: An Empirical Analysis of the Banking Industry. " Paper presented at a conference on Financial Structure, Bank Behaviour and Monetary Policy in the EMU, Groningen, 2000, October 5 – 6.

[79] Boot, A. W. A and A. V. Thakor. Can Relationship Banking Survive Competition [J]. *Journal of Finance* LV (2), 2000: 679 – 713.

[80] Bresnahan, Timothy F. Empirical Studies of Industries with Market Power [M] . In *Handbook of Industrial Organization*, edited by R. Schmalensee and R. D. Willig. Amsterdam: North Holland, 1989.

[81] Calem, P. and L. Nakamura. Branch Banking and the Geography of Bank Pricing [J] . *The Review of Economics and Statistics* 80, 1998: 600 – 641.

[82] Caminal, R. and Matutes. C. : Can Competition in the Credit Market be Excessive? . Centre for Economic Policy Research, Discussion Paper No. 1725, October, 1997.

[83] Carbo, S. , Gardener, E. P. M. and Williams, J. Efficiency in banking: Empirical evidence from the savings banks sector [J] . Manchester School, 70 – 2, 2002: 204 – 228.

［84］ Carlson, M. and K. Mitchener. "Branch Banking, Bank Competition and Financial Stability." ［J］ Working paper, Department of Economics, Santa Clara University, 2003.

［85］ Cetorelli, N. and P. Peretto. Oligopoly Banking and Capital Accumulation ［J］. *Federal Reserve Bank of Chicago Working Paper* No. 12, 2000.

［86］ Charles Freedman and Clyde Goodlet, The Financial Services Sector: Past Changes and Future Prospects, Bank of Canada, March 1998: P9.

［87］ Cordella, T. and E. L. Yeyati. Financial Opening, Deposit Insurance and Risk in a Model of Banking Competition ［J］. *European Economic Review* 46. 2002: 471 - 525.

［88］ De Bandt, Olivier and E. Philip Davis. A Cross-country Comparison of Market Structures in European Banking ［J］. European Central Bank Working Papers, No. 7, 1999.

［89］ Dell'Ariccia, G. "Learning by Lending, Competition and Screening Incentives in the Banking Industry." ［J］ Wharton School for Financial Institutions, Centre for Financial Institutions Working Paper No. 00 - 10, 2000.

［90］ Dell'Ariccia, G., "Asymmetric Information and the Market Structure of the Banking Industry" ［J］. IMF Working Paper, 1998. No. 98/92.

［91］ Demirguc-Kunt, A., L. Laeven and R. Levine. 2003. "The Impact of Bank Regulations, Concentration and Institutions on Bank Margins." ［J］. World Bank Policy Research Working Paper No. 3030.

［92］ Demirguc-Kunt, A. and Detragiache, E. (1998) "Financial Liberalization and Financial Fragility." ［J］. World Bank Working Paper No. 1917 (May).

［93］ Demsetz, H., (1973). "Industry Structure, Market Rivalry and Public Policy", *Journal of Law and Economics*, 16: 1 - 9.

［94］ Demsetz, R., M. R. Saidenberg and P. E. Strahan. (1996). "Banks with Something to Lose: The Disciplinary Role of Franchise Value." FRBNY Economic Policy Review (Oct.): 1 - 14.

[95] De Nicolo, G. 2000. "Size, Charter Value and Risk in Banking: An International Perspective." Board of Governors International Finance Discussion Papers No. 689.

[96] Dick, A. (2003). "Nationwide Branching and Its Impact on Market Structure, Quality and Bank Performance." Federal Reserve Board Finance and Economics Discussion Series No. 2003 – 35.

[97] Elena Carletti. Competition and Stability: What´s Special About Banking? [J]. ECB Working Paper No. 146

[98] Evanoff, D. and E. Ors. 2002. "Local Market Consolidation and Bank Productive Efficiency." *Federal Reserve Bank of Chicago Working Paper* No. 2002 – 25.

[99] Gelos, R. G. and Roldos, J. 2004 "Consolidation and market structure in emerging market banking systems" [J]. Emerging Markets Review 5: 39 – 59.

[100] Gilbert, R. (1984). Bank Market Structure and Competition-A Survey [J], Journal of Money, Credit and Banking 16: 617 – 645.

[101] Green, Edward J. and Robert H. Porter (1984). "Non-cooperative Collusion under Imperfect Price Information." [J]. *Econometric* 52: 87 – 100.

[102] Grigorian, D. A and V. Manole, (2002). "Determinants of Commercial Bank Performance in Transition: An Application of Data Envelopment Analysis" [J]. *World Bank Policy Research Working Paper*, 2850, June.

[103] Gual, J. (1999). Deregulation, Integration and Market Structure in European Banking [J]. *Journal of the Japanese and International Economies*, 13: 372 – 396.

[104] Hellman, T. F., K. Murdock and J. Stiglitz. 2000. "Liberalization, Moral Hazard in Banking and Prudential Regulation: Are Capital Requirements Enough?" [J]. *American Economic Review.* 90 (1): 147 – 65.

[105] Hughes, J., L. Mester and C. Moon. 2001. "Are Scale Economies in Banking Elusive or Illusive? Evidence Obtained by Incorporating Capital Structure and Risk-Taking into Models of Bank Production. " [J]. Journal of Banking and Fi-

nance 25：2169 - 208.

[106] Jensen, M. and W. Meckling. 1976. "Theory of the Firm：Managerial Behavior, Agency Costs and Ownership Structure." *Journal of Financial Economics* 3：305 - 60.

[107] Keeley, M. (1990). "Deposit Insurance, Risk and Market Power in Banking." American Economic Review 80：1183 - 1200.

[108] Koskela, E. and R. Stenbacka (2000). Is there a Tradeoff between Bank Competition and Financial Fragility? [J]. Journal of Banking and Finance 24, 1853 - 1873.

[109] Lu, Ding Shandre M. Thangavelu and Qing Hu. 'The Link between Bank Behavior and Non-performing loans in China [J]. National University of Singapore, Department of Economics, *Working Paper* No. 0108, 2001.

[110] Marcus, A. J. Deregulation and Bank Financial Policy [J] . *Journal of Banking and Finance* 8, 1984：557 - 565.

[111] Matutes, C. and X. Vives. Imperfect Competition, Risk Taking and Regulation in Banking [J]. *European Economic Review* 44, 2000：1 - 34.

[112] Matutes, C. and Vives. X. Competition for Deposits, Fragility and Insurance [J]. *Journal of Financial Intermediation* 5, 1996：184 - 216.

[113] Maudos, J. Market structure and performance in Spanish banking using a direct measure of efficiency [J] . *Applied Financial Economics*, 8, 1998：191 - 200.

[114] Molyneux, P. and Forbes, W.. Market Structure and Performance in European Banking [J] . Applied Economics, 27, 1995, 155 - 159.

[115] Molyneux, P. Increasing concentration and competition in European Banking：The End of Anti-trust? [J] . European Banking after EMU, European Investment Bank Papers, 4 (1), 1999：127 - 136.

[116] Nathan, A. and E. Neave. Competition and Contestability in Canada's Financial System：Empirical Results [J] . Canadian Journal of Economics xxii (3), 1989：576 - 694.

[117] Pastor, J. M., F. Pérez and J. Quesada, (1997). "Efficiency Analysis in Banking Firms: An International Comparison" [J]. *European Journal of Operational Research*, 98: 395 – 407.

[118] Panzar, J. and Rosse, J. 1987. "Testing for monopoly equilibrium". *Journal of Industrial Economics*. 35: 443 – 456.

[119] Repullo, R. 2003. "Capital Requirements, Market Power and Risk-Taking in Banking." *Centre for Economic Policy Research Discussion Paper* No. 3721.

[120] Ribon, Sigal and Oved Yosha, (1999). Financial Liberalization and Competition in Banking: An Empirical Investigation [J]. Tel Aviv University, Working Paper 23 – 99.

[121] Richard, J. . Herring and Anthony M. Santomero, What Is Optimal Financial Regulation? [J]. the Wharton School of University of Pennsylvania, May 1999, p8.

[122] Riordan, M. (1993). "Competition and Bank Performance: A Theoretical Perspective." [M] In *Capital Markets and Financial Intermediation*, edited by C. Meyer and X. Vives, pp328 – 343. Cambridge: Cambridge University Press.

[123] Schure, P. and R. Wagenvoort, 1999. "Economies of Scale and Efficiency in European Banking: New Evidence." European Investment Bank Economic and Financial Reports No. 99/01.

[124] Shaffer, S. 1993. "A Test of Competition in Canadian Banking." [J]. *Journal of Money, Credit and Banking* 25 (1): 49 – 61. 1998. "The Winner's Curse in Banking." *Journal of Financial Intermediation* 7: 359 – 92.

[125] Shaffer, S. 2002. "Competitive Bank Pricing and Adverse Selection, With Implications for Testing the SCP Hypothesis." [J]. *The Quarterly Review of Economics and Finance* 42 (3): 633 – 47.

[126] Sharpe, S. . "Asymmetric Information, Bank Lending and Implicit Contracts: A Stylized Model of Customer Relationships" [J]. *Journal of Finance*,

1990, Vol. 45: 1069 – 1087.

[127] Shirai, Sayuri, Banking Sector Reforms in India and China: Does India's Experience Offer Lessons for China's Future Reform Agenda? [J]. JBICI Discussion Paper Series, N. 2, 2002.

[128] Soares De Pinho, P. Using accounting Data to Measure Efficiency in Banking: An Application to Portugal [J]. *Applied Financial Economics* 11 (5), 2001, 527 – 38.

[129] Suominen, Matti. Measuring Competition in Banking: A Two Product Model [J]. *Scandinavian Journal of Economics* 96, 1994: 95 – 110.

[130] Petersen, M. and R. G. Rajan. The Effect of Credit Market Competition on Lending Relationships. " [J]. *The Quarterly Journal of Economics* 110, 1995: 407 – 439.

[131] Perotti, E. C. and J. Suarez. Last Bank Standing: What Do I Gain if You Fail? [J]. *European Economic Review*, 46, 2002: 1599 – 1622.

[132] Panzar, J. C. and J. N. Rosse. "Testing For 'Monopoly' Equilibrium. " [J]. *The Journal of Industrial Economics* 35, (4), 1987: 443 – 56.

[133] Paul Schurea, Rien Wagenvoort, Dermot O'Brien (2004). The efficiency and the conduct of European banks: Developments after 1992 [J]. *Review of Financial Economics* 13: 371 – 396.

[134] Van Damme, E., "Banking: A Survey of Recent Microeconomic Theory" [J]. *Oxford Review of Economic Policy*, 1994, Vol. 10: 14 – 33.

[135] Vander Vennet, R., "Concentration, Efficiency and Entry Barriers as Determinants for EC Bank Profitability" [J]. *Journal of International Financial Markets, Institutions and Money*, 4, 1994: 21 – 46.

[136] Wilson, John Stuart Gladstone. *Banking policy and structure: a comparative analysis* [M]. New York University Press, 1986.